마틴 로이드 존스의

복 있는 사람

마틴 로이드 존스의 복 있는 사람

지은이 | 마틴 로이드 존스
옮긴이 | 홍종락
초판 발행 | 2021. 12. 15
등록번호 | 제1988-000080호
등록된 곳 | 서울시 용산구 서빙고로65길 38
발행처 | 사단법인 두란노서원
영업부 | 2078-3333 FAX | 080-749-3705
출판부 | 2078-3332

책값은 뒤표지에 있습니다.
ISBN 978-89-531-4113-1 03230

독자의 의견을 기다립니다.
tpress@duranno.com www.duranno.com

두란노서원은 바울 사도가 3차 전도 여행 때 에베소에서 성령 받은 제자들을 따로 세워 하나님의 말씀으로 양육하던 장소입니다. 사도행전 19장 8-20절의 정신에 따라 첫째 목회자를 돕는 사역과 평신도를 훈련시키는 사역, 둘째 세계선교TIM와 문서선교단행본·잡지 사역, 셋째 예수문화 및 경배와 찬양 사역, 그리고 가정·상담 사역 등을 감당하고 있습니다. 1980년 12월 22일에 창립된 두란노서원은 주님 오실 때까지 이 사역들을 계속할 것입니다.

복의 창조주가 전하는 최고의 인생

TRUE HAPPINESS

마틴 로이드 존스의

복 있는 사람

마틴 로이드 존스 지음

홍종락 옮김

두란노

[1] 복 있는 사람은
악인들의 꾀를 따르지 아니하며
죄인들의 길에 서지 아니하며
오만한 자들의 자리에 앉지 아니하고
[2] 오직 여호와의 율법을 즐거워하여
그의 율법을 주야로 묵상하는도다
[3] 그는 시냇가에 심은 나무가
철을 따라 열매를 맺으며
그 잎사귀가 마르지 아니함 같으니
그가 하는 모든 일이 다 형통하리로다
[4] 악인들은 그렇지 아니함이여
오직 바람에 나는 겨와 같도다
[5] 그러므로 악인들은 심판을 견디지 못하며
죄인들이 의인들의 모임에 들지 못하리로다
[6] 무릇 의인들의 길은 여호와께서 인정하시나
악인들의 길은 망하리로다

차 례

인생의

가장 중요한 문제를 꿰뚫는

시편의 첫 장

책을 출간하며 ○

나는 기름부음unction의 골수 신봉자이다. 기름부음unction은 설교할 때 성령의 능력이 흘러나옴을 묘사하는 구식 단어이다. 설교자에게 그 무엇보다 필요한 한 가지가 바로 이것이다. 성령이 함께하시는 능력. 찰스 스펄전은 이것을 '거룩한 기름부음'the sacred anointing이라 불렀다. 곧 높은 곳에서 내려오는 능력이다.

토니 사전트Tony Sargent는 마틴 로이드 존스의 설

인생의
가장 중요한 문제를 꿰뚫는
시편의 첫 장

교를 다룬 책 《위대한 설교자 로이드 존스》*The Sacred Anointing*에서 기름부음을 잘 묘사한다. 그는 이렇게 적고 있다.

> 〔기름부음은〕 성령께서 설교자에게 주시는 영감이다. 설교자가 독수리의 날개를 타고 높이 솟구치거나 급강하하면서 메시지를 전하고 자신의 것이 아닌

힘에 휩쓸리는 것이다. 그때 벌어지는 상황에 대한 설교자의 의식은 지워지지 않는다. 그는 황홀경에 빠져 있지 않다. 그는 성령이 일하시는 대상이지만 자신이 일하고 있음을 인식한다. 자신을 통해 말씀이 전해지고 있지만 자신이 여전히 말하고 있음도 안다. 말은 그의 것이지만 그 안에 담긴 능력을 보면서 그 근원이 자신이 아님을 깨달을 수밖에 없다. 설교자는 압도된다. 그는 불붙은 상태이다.

이와 비슷하게, 이안 머리는 그의 책《은혜의 설교자, 로이드 존스》*Lloyd-Jones: Messenger of Grace*에서 이렇게 썼다.

성령의 기름부음을 받는 설교는 하나님을 의식하게 만든다. 그런 설교는 듣는 사람에게 주위의 그 어떤 것보다 전적으로 강한 인상을 남긴다. 보이는 것들은 배경으로 물러난다. 하나님에 대한 의식에 비하면 환경, 동료

> 예배자들, 심지어 설교자에 이르기까지 모두 부차적인 것이 된다. 그런 설교를 듣는 사람은 공적 모임의 관찰자가 될 수 없다. 그는 인간 전달자보다 더 큰 권위를 지닌 말씀이 바로 자신에게 전해지고 있음을 확신하게 된다.

지금껏 나는 로이드 존스보다 더 큰 기름부음을 받고 설교하는 사람을 보지 못했다. 그가 설교할 때마다 하나님의 음성이 설교 본문 안에서, 본문을 뚫고 크게 울려 퍼졌다. 불이 내려왔고 땅이 흔들렸다. 그의 설교는 복음의 엄격함과 부드러움을 모두 구현했다. 달콤하면서도 강인하여 열과 빛이 가득했다. 모든 메시지가 생사의 문제를 다루었다!

로이드 존스의 설교는 내 인생을 여러 번 부숴 나를 새롭게 하고 자유롭게 해 주었다.

얼마 전, 잘 해내야 한다는 압박감에서 벗어나게 하는 하나님의 능력이 절실히 필요했다. 나는 하나님은 크시고 나는 작다는 사실을 상기해야 했다. 그래서 부흥을 다룬 로이드 존스의 1959년 설교 한 편을 다시 읽었다. 그것은 내가 갈망했던 사실을 떠올리게 하는 메시지였고, 로이드 존스는 위대한 기름부음을 받아 그 메시지를 전했다.

> 우리의 최고의 필요, 유일한 필요는 하나님을 아는 것입니다. 살아 계신 하나님과 그 힘의 위력을 아는 것입니다. 다른 것은 필요하지 않습니다. 그것이면 됩니다. 살아 계신 하나님의 능력을 알고, 살아 계신 하나님이 우리 가운데 계신다는 것과 다른 어떤 것도 중요하지 않다는 것을 알면 됩니다. …… 자, 다른 것은 모두 잊으십시오. 우리 가운데 살아 계신 하나님의 임재하심을 깨달아야 합니다. 다른 모든 것은 침묵하게 하십시오.
> 지금은 사소한 차이점들에 연연할 때가 아닙니다. 우리 모두 살아 계신 하나님의 능력의 손길을 알 필요가 있습니다.

내가 들은 로이드 존스의 설교의 전형적인 특징은 이처럼 하나님과 복음의 위대함과 그 광채로 방향 전환을 하게 하는 것이다. 앤드루 보나Andrew Bonar는 이렇게 말한 적이 있다. "성경에서 진리를 끌어내는 것과 성경을 통해 하나님께 직접 진리를 받는 것은 전혀 다른 일이다." 로이드 존스는 강단에 서서 설교할 때마다 후자의 일을 했다.

얼마 전, 나는 훌륭하고 신뢰할 만한 설교자의 다섯 가지 특징을 간략하게 요약했다(종교개혁의 다섯 가지 '오직'[sola]에 근거한 작업이었다).

오직 성경Sola Scriptura

설교자가 오직 성경에 근거하여 말하는가? 다시 말해, 성경의 권위와 충족성에서 출발하는가?

믿을 만한 설교자는 성경을 기뻐하고 성경과 씨름하고 성경을 강해하려고 노력한다. 그는 성경에서 출발한다. 모든 발언은 성경의 특정 구절이 말하는 바에서 흘러나온다. 자신이 말하고 싶은 내용을 뒷받침하기 위해 성경을 사용하지 않는다. 성경이 말하는 바에 순복하고, 자신의 말을 정당화하는 데 성경을 이용하기를 거부한다.

신구약 성경 모두를 존중한다. 성경 구절들을 문맥에서 분리해서 다루기를 거부한다. 성경의 통일성을 인정한다. 신구약 성경 모두가 한 인물이 주인공인 이야기, 즉 하나님이 그분의 아들 예수 그리스도의 완성된 사역을 통해 죄인들을 구원하신다는 이야기를 들려준다는 것을 인정한다.

오직 은혜Sola Gratia

설교자는 인간과 하나님의 올바른 관계가 오직 하나님의 은혜로만 수립될 수 있음을 충분히 강조하는가? 이 모든 일이 인간의 죄로 인해 비롯되었음을 알려 주는가?

하나님의 능력보다 인간의 능력을, 하나님의 자유보다 인간의 자유를, 하나님의 주도권보다 인간의 주도권을 강조하는 모든 가르침을 경계하라. 하나님과의 올바른 관계는 궁극적으로 하나님의 주권보다 인간의 반응에 달려 있다고 교묘하게 말하는 모든 가르침을 경계하라.

오직 믿음Sola Fide

설교자는 인간이 스스로의 힘으로 구원을 얻는 것이 아니라 그리스도께서 이미 하신 일을 믿음으로써 구원얻음을 강조하는가? 우리에게 실제로는 두 가지 종교밖에 없다는 말은 옳다. 두 종교란 인간 공로의 종교와 하나님 공로의 종교이다. 설교자는 전자를 강조하는가, 후자를 강조하는가? 하나님의 진리를 바르게 전하는 설교자는 하나님이 죄인들을 구원하시고 죄인들은 스스로를 구원하지 못함을 늘 강조한다.

오직 그리스도Sola Christus

설교자는 그리스도께서 하나님과 사람 사이의 유일한 중보자임을 강조하는가? 그리스도께서 "유일한 길과 진리와 생명"이시고 그분을 통하지 않으면 누구도 아버지께로 갈 수 없다고 단언하고 선포하는가? 죄를 말하고 그리스도의 필요성을 말하는가?

설교자들은 설교하는 모든 성경 본문을 통해 복음의 진리를 드러내고 펼쳐내면서 그 결과로 우리

문화의 우상들과 우리 마음의 우상들을 폭로해야 한다. 성경의 모든 구절에서 우리의 참된 구주를 충실히 강해하면 문화적, 개인적으로 신뢰하는 모든 우상이 고통스럽게 드러나게 된다. 우리의 문화는 그리스도만 공급할 수 있는 안전, 용납, 보호, 애정, 의미와 만족을 예수님보다 못한 것에 미묘한 방식으로 의존해서 얻으려고 한다. 모든 설교는 이것을 낱낱이 폭로해야 한다.

이런 식으로, 좋은 설교자는 예수님이 얼마나 우리 삶에 적실하고 필요한 존재인지 끊임없이 보여주어야 한다. 우리는 죄인이지만 그리스도께서는 위대한 구주이심을 힘써 드러내야 한다.

오직 하나님께 영광Sola Deo Gloria

설교자는 무엇보다 하나님을 높이는가?

믿을 만한 설교자는 하나님을 경이롭게 여기는 자리로 청중을 이끈다. 하나님의 진리의 참된 전달자는 청중이 하나님의 영광을 만나도록 이끈다. 이것이 하나님을 중심에 둔 설교자의 모습이다. 그의 설교를 듣고 가르침을 받으면 하나님을 향한 주림과 목마름을 느끼게 된다. 그의 설교를 듣고 또 들으면 그의 개성이 아니라 하나님의 성품에 깊은 인상을 받게 될 것이다.

이 책을 읽으면서 로이드 존스가 위의 다섯 가지 특징을 하나하나 보기 좋게 통과하는 것을 발견할 것이다. 그는 이번에 시편 1편을 다루었는데, 그의 메시지는 한 마디로 '복음'이다. 이 복음의 시편을 통해 로이드 존스는 성경이 하나의 이야기를 들려주고 한 사람을 가리킨다는 사실을 제대로 보여 준다. 시편 1편은 우리가 망가뜨린 하나님의 세상을 그분이 어떻게 구하시는지 서술하고, 구원을 성취하시는 분으로 그리스도를 높인다.

구약성경에서 하나님은 모형과 그림자, 약속과 예언들로 자신을 계시하셨다. 신약성경에서는 모든 그림자의 실체이고 모든 약속과 예언의 성취인 그리스도 안에서 자신을 계시하신다. 구약성경은 하나님이 보내실 구원자를 예언하고, 신약성경은 하나님이 보내신 구원자를 제시한다.

로이드 존스는 시편 1편 강해를 통해 우리가 죄인이고 그리스도는 위대한 구주이심을 매혹적이고 강력하게 보여 준다. 그는 우리 죄가 멀리까지 영향을 미치지만 하나님의 은혜는 그보다 더 멀리까지 영향을 미치고 상황을 정리하시는 하나님의 능력이 상황을 엉망으로 만드는 우리 능력보다 무한히 크다는 사실을 거듭 강조한다.

이 설교들에는 열의와 소망이 가득하다. 그리고 (오늘날의 많은 설교에 비할 때) 장중함과 즐거움, 깊이와 기쁨, 교리와 헌신, 교훈과 열정, 진리와 사랑의 보기 드문 조합을 갖추고 있다. 하나님의 은혜로 독자는 (내가 그런 것처럼) 자신의 죄로 인해 울고, 용서받음을 기뻐하고, 하나님의 크심을 높이게 될 것이다. 이 설교들의 취지는 듣는 이가 자신의 절박한 처지를 느끼고, 구원을 달라고 부르짖고, 용서받고 기뻐할 수 있게 하려는 데 있다.

나는 이 설교들을 읽고 나의 자유를 더 크고 환하게 느끼게 되었다. 이 부분이 가장 중요하다. 하나님은 로이드 존스를 사용하셔서 하나님과 나의 관계가 예수님을 위해 내가 하는 일이 아니라 예수님이 날 위해 하신 일에 달려 있음을 상기하게 해 주셨다. 예수님이 나를 위해 강해지셨기 때문에 나는 얼마든지 약해질 수 있다는 것을 배웠다. 예수님이 나를 위해 승리하셨기에 나는 얼마든지 질 수 있다. 오직 복음만이 우리가 주인공이 아니라는 사실을 기뻐하고 즐거워할 수 있게 해 준다는 것을 나는 기억하게 되었다. 예수님이 주인공이시기에 우리는 얼마든지 아무것도 아닌 존재일 수 있다.

로이드 존스는 내 마음과 정신이 복음을 향하도록 해 주었다. 하나님이 이 책을 사용하셔서 당신에게도 같은 일을 하시기를 기도한다.

1

여호와의 율법을 즐거워하여

행복한 삶을 위한 유일한 길

◎

[1] 복 있는 사람은

악인들(불경건한 자들)의 꾀를 따르지 아니하며

죄인들의 길에 서지 아니하며

오만한 자들의 자리에 앉지 아니하고

[2] 오직 여호와의 율법을 즐거워하여

그의 율법을 주야로 묵상하는도다

시편 1편 1-2절

▲

시편 1편은 아주 흥미롭습니다. 권위자들은 시편 1편이 정말 중요하다는 데 동의합니다. 1편은 시편 전체를 여는 전반적인 서론이기 때문입니다. 시편은 명확한 철학, 인생관을 가르치는 책입니다. 같은 철학을 잠언과 여타 지혜 문학(욥기, 전도서)에서도 볼 수 있습니다. 성경의 보다 교훈적인 부분들, 신학적인 부분들에서도 같은 인생관을 볼 수 있습니다.

시편 1편에서는 그 인생관이 시인이 통과해 온 하나의 경험으로 표현되고, 그것에 관한 하나님의 가르침을 시인이 어떻게 이해했는지, 인간을 대하시는 하나님의 방식을 시인이 경험을 통해 더 넓고 깊게 이해하도록 하나님이 어떻게 이끌어 주셨는지가 드러납니다. 그래서 1편을 시편의 서론으로 볼 수 있으며, 예상대로 이 안에서 시편이라는 책 전체의 기본적인 가르침과 철학을 발견할 수 있습니다.

하나의 메시지 。

이와 동시에, 시편 1편은 방금 제시한 이유로 성경 전체의 메시지에 대한 훌륭한 서론이자 요약으로도 볼 수 있습니다. 성경은 하나의 메시지만 담고 있으니까요. 성경은 그 메시지를 아주 다양한 방식으로 표현하지만 내용은 단 하나입니다.

많은 지리, 지형, 방대한 역사, 왕, 군주, 전쟁, 싸움, 출생, 혼인, 죽음, 끝없는 세부 내용이 등장하지만 주제는 하나입니다. 그것은 하나님이 구원을 위해 하신 일, 그리고 인간과의 관계입니다. 그래서 우리는 이 주제를 성경의 모든 부분에서 볼 수 있습니다. 이 주제는 시편 전체의 큰 주제이기 때문에, 특별히 시편의 첫 번째 시에서 그 내용이 응축되어 나타납니다. 우리는 시편 1편에 남자와 여자, 이 세상과 시간 속 그들의 삶에 관한 성경의 본질적인 가르침의 정수가 담겨 있다고 얼마든지 말할 수 있습니다. 그래서 여러분에게 시편 1편을 주목해 보시길 청하는 것입니다.

인간은 시간의 피조물입니다. 묵은해와 새해는 우리에게 다른 느낌을 줍니다. 우리는 묵은 것과 새 것으로 시간을 구분합니다. 이런 시간 구분 자체는 우리가 적절히 활용하기만 하면 아무 문제가 없습니다. 질주하던 삶을 멈추고 생각하게 하고, 바쁜 삶을 중단하고 숙고하게 하는 일이라면, 인간과 삶의 문제를 들여다보고 전능하신 하나님과 우리의 관계를 숙고하게 하는 것이라면, 묵은 것이든 새 것이든 모두 좋습니다.

누군가는 이렇게 말할 것입니다. "하지만 왜 성경을 봐야 합니까? 시대에 뒤떨어진 일 아닙니까? 현시대에 맞지 않는 일이 아닐까요? 성경이 현시대에 맞는 새로운 자료를 내놓을 수 없습니까? 현대적인 것을 줄 수 없습니까? 뭔가 새로운 가르침을 줄 수는 없나요?

지금은 과학의 시대입니다. 현대인의 삶을 추적해 보고 당신이 그것을 어떻게 이해하고 생각하는지, 다른 사람들은 무슨 생각을 하고 어떤 주장을 내세우는지 핵심을 제시해 보는 것은 어떻습니까? 미래를 생각하고 앞으로 무슨 일이 벌어질지 예측해 보는 것이 어떨까요? 우리가 무엇을 해야 하고 무엇을 고민해야 하고 정치가들에게 어떤 행동을 촉구해야 하는지 제안하는 일은 어떨까요? 더 나은 세계 질서나 삶의 방식을 위한 모종의 계획을 세우는 것이 더 좋지 않을까요? 왜 이런 일들을 하지 않습니까? 왜 당신은 그 옛날 책으로 되돌아가려 합니까? 그러지 말고 뭔가 새로운 것을 하는 게 어떻습니까?"

합당한 질문 같습니다. 저도 반대하지 않습니다.

그런데 이 질문에 대한 답변은 성경의 전도서에 나와 있습니다. "해 아래에는 새 것이 없나니"(전 1:9).

새 것은 전혀 없습니다! 오늘날 우리가 사는 세상의 상태가 과거와 정말 다르다고 누군가 증명할 수 있다면, 그때는 저도 새로운 접근법을 요구하는 이 주장이 정말 타당하다고 생각하겠습니다. 하지만 저는 다른 것이 전혀 없다는 사실을 여러분에게 증명할 수 있을 것이라고 자신합니다.

행복을 추구하는 사람들

이 세상의 모든 사람이 추구하는 것은 과거와 동일합니다. 시편 1편의 시인이 살던 시대에 사람들이 무엇을 찾고 있었는지 아시나요? 바로 "행복happy"입니다. "이런 사람은 행복하다." 그렇습니다! "복 있는 사람은 악인들의 꾀를 따르지 아니하며." 복이 있다, 즉 행복하다는 말이지요. 그들은 행복을 찾고 있었고, 시인은 그것을 알았습니다. 시인도 행복을 찾고 있었으니까요.

오늘날 사람들의 근본적인 필요도 여전히 행복입

니다. 우리는 행복하기를 원하는 인류 역사상 첫 번째 사람들이 아닙니다. 인류는 언제나 행복을 추구했습니다. 인생, 역사, 문명의 이야기 전체가 거대한 행복 추구의 과정입니다. 누구도 비참해지기를 원하지 않고, 누구도 불행해지기를 원하지 않습니다. 모두가 기쁨과 행복과 즐거움을 추구합니다. 즉 인간의 상태는 정확히 동일하고, 새로운 것이 전혀 없습니다.

여러분은 "하지만 세상을 보세요"라고 말하지만 세상은 언제나 지금과 같았습니다. 세상은 전쟁과 질투의 장소, 시기, 악의, 원한과 실망의 장소였습니다. 언제나 그랬습니다. 형태가 다를 수는 있지만, 본질 자체는 전혀 달라지지 않습니다. 옛날에는 대포가 무시무시했다면 오늘날에는 폭탄이 무섭다 정도의 차이입니다. 형태만 바뀌었을 뿐입니다. 이 세상의 본질적 조건, 이 세상 삶의 위태로운 형편은 새롭지 않습니다. 해 아래 새 것은 없습니다. 그러니 우리는 이 오래된 가르침에서 떠날 필요가 없습니다. 동일한 문제를 직시하고 있기 때문입니다.

그러나 제가 여러분께 시편 1편에 관심을 기울이라고 말씀드리는 더 중요한 이유가 있습니다. 이것이 "하나님의 가르침God's teaching"이기 때문입니다. 다른 모든 책은 인간의 가르침입니다. 저는 철학자들이 행복의 문제를 탐구했다는 것을 압니다. 그들 중에는 유토피아에 대해 쓴 사람들도 있습니다. 철학의 본질은 행복 추구, 복의 추구였습니다. 그러나 아시다시피, 철학은 모두 수포로 돌아갔습니다. 하지만 우리에게는 하나님의 행복 처방이 있습니다. 하나님의 처방! 그래서 저는 성경으로 돌아갑니다.

성경으로 돌아가야 하는 이유

성경은 다른 모든 책과 본질적으로 완전히 다릅니다. 성경은 인간의 책이 아닙니다. 인간의 산물이 아니고, 인간의 창작물이 아니고, 인간 사고의 범주와 목록이 아닙니다. 성경은 "하나님의 계시God's revelation"입니다. 과거에도 그러했고 지금도 여전히 그렇습니다. 세상은 언제나 성경이 필요했고 오늘날에도 여전히 필요합니다. 아니, 오히려 더 많이 필요합니다.

성경으로 돌아가야 하는 또 다른 이유가 있습니다. 성경에는 시대의 경험으로 검증된 가르침이 담겨 있기 때문입니다. 시편 37편에는 다음과 같은 표현이 있습니다. "내가 젊어서나 이렇게 늙어서나"(25절, 우리말성경).

저자는 자신의 경험을 통해 말하고 있습니다. 이처럼 성경에는 개인들의 경험과 나라들의 경험이 담겨 있습니다. 역사의 일정 기간을 죽 뒤돌아보는 것은 아주 좋은 일입니다. 우리는 스스로가 아주 많이 알고 있고 똑똑하고 남과 다르다고 생각합니다. 그러나 과거를 돌아보고 역사를 읽으면 읽을수록, 해 아래 새 것이 없다는 사실을 다시금 발견하게 될 것입니다.

사람들은 언제나 지금과 같은 곤경에 처해 있었고, 잡히지 않는 행복을 늘 추구해 왔습니다. 그러므로 사람들과 나라들이 거짓된 길과 참된 길을 들려주는 이 기록을 되돌아보는 것은 좋은 일이 아니겠습니까? 성경은 "마침내 나는 발견했다. 이것이 그것이다!"라고 말하는 이들의 기록입니다. 우리는 하나님의 교훈을 믿고 실천에 옮긴 사람을 성경에서 만나게 됩니다. 이것이 우리가 성경으로 되돌아가는 두 번째 이유입니다.

세 번째 이유는, 성경은 우리를 막아서서 우리 앞에 놓인 선택들의 답을 단순하고 선명하게 제시합니다. 이 대목에서 저는 삶의 문제를 직시하는 성경의 방법 전체에 관해 이야기하고 싶습니다.

성경을 다른 모든 책, 다른 모든 가르침과 구분하는 핵심적인 이유는 그 영광스러움은 성경이 본질적으로 단순하다는 데 있습니다. 철학 서적들을 읽어 본 적이 있을 것입니다. 제가 읽어 보니 아주 어렵습니다! 복잡한 용어들이 가득한 그 책들을 이해할 수 있는 사람이 얼마나 되겠습니까? 그러나 감사하게도, 여기 단순하고 직접적이며 평이한 책이 있습니다. 그 책은 삶의 복잡한 문제를 단 하나의 큰 사안으로 간추립니다. 성경은 언제나 그것을 이렇게 표현합니다. "사람 앞에는 두 가지 선택지가 있고, 그 둘 사이에서만 선택할 수 있다."

성경은 처음부터 끝까지 그렇게 말합니다. 두 가지 선택지밖에 없습니다. 하나님의 길과 사탄의 길, 아벨의 길과 가인의 길, 야곱의 길과 에서의 길입니다. 여기 시편 1편에는 선한 사람, 경건한 사람, 의인이 나옵니다. 그리고 불경건한 사람, 악인이 나옵니다. 선택지는 언제나 이 두 가지입니다.

성경은 상황을 단순하고 직접적으로 제시하고 모든 복잡한 특성들을 이 한 가지 질문으로 요약합니다. "나는 어떤 길로 가고 있는가?" 이 길 아니면 저 길입니다. 물론 성경은 거기에서 한 걸음 더 나갑니다. 성경은 이 질문을 예시의 형태로 제시하여 읽는 이를 돕습니다. 시편 1편에 이 내용이 들어 있습니다.

우리가 하나님 사랑의 마음을 깨닫기만 한다면 얼마나 좋겠습니까! 하나님은 우리가 알고 이해하기를 원하십니다. 그분은 우리의 약함에 이르기까지 몸을 굽히십니다. 우리의 무지한 수준까지 내려오십니다. 진리를 생생하게 전하시고자 그림, 예시, 역사를 사용하십니다. 아니, 뭐든지 사용하십니다.

하나님은 시편 1편에서도 그 일을 하십니다. 여기 두 사람이 나옵니다. 불경건한 자와 의로운 자입니다. 잘못된 길과 옳은 길, 나쁜 길과 좋은 길이 있습니다. 부정적인 길과 긍정적인 길이 모두 나옵니다. 이것이 좋은 가르침의 핵심입니다. 문제를 긍정적으로 제시할 뿐 아니라 부정적으로도 제시하는 것이지요. 덕분에 우리는 그 대비를 확인하고 예시의 도움을 받을 수 있습니다.

복에 관한 성경의 가르침

그러면 가르침의 내용은 무엇입니까? 우리가 살펴본 대로, 인간은 행복하기를 열망한다는 것입니다. 시편 기자는 이렇게 말합니다. "오, 복됨이여. 이 의인의 복됨이여."

그렇습니다, 그런데 문제는 이것입니다. 의인이 그런 복을 어떻게 얻었습니까? 그는 어떻게 복된 상태에 도달합니까? 이 질문의 답변에는 무엇보다 중요한 이 문제에 대한 성경의 가르침이 있습니다. 행복해지고 싶지 않으십니까? 자신에게 어떤 일이 벌어지든 복을 누릴 것이라고 생각할 수 있게 되기를 바라십니까?

그런데 그것이 가능합니다! 이것이 성경의 가르침입니다. 성경과 성경 교사들의 본을 따라 간단하게 말하겠습니다. 저는 이 문제를 이론과 실천으로 나누어 설명하려 합니다. 먼저 이론을 살펴본 다음, 우리가 실제로 무엇을 해야 하는지 보겠습니다. 이것이 바로 시편 1편 1-2절이 설명하는 바입니다.

성경이 말해 주는 이론

그러면 이론을 봅시다. 이론이 가장 중요합니다. 이론은 필요 없다고, 무슨 일이든 행함으로 그냥 뛰어들면 된다고 말하는 사람의 말을 믿지 마십시오. 아닙니다. 지혜로운 사람은 먼저 내용을 읽고 이론에 대해 어느 정도 이해한 다음 그에 따라 행동합니다.

성경이 말하는 첫 번째 이론은 행복이 가능하다는 것입니다. 이것을 강조하는 이유는 지금과 같은 세상에서 너무나 압도적이고 놀라운 사실이기 때문입니다. 이것은 성경이 전하는 좋은 메시지입니다. 이 메시지는 지금의 우리에게 다가와 이렇게 말합니다. "행복, 복된 상태가 가능하다."

많은 사람들은 인생에서 행복을 쉽게 발견하고 유지할 수 있다고 생각합니다. 이전의 누구도 갖지 못한 행복의 비결을 자신이 알고 있다고 생각합니다. 젊은 시절에는 이렇게 말합니다. "저 중년들과 나이든 사람들은 길을 잃었지. 바보들. 이해를 못하는 거야. 저들을 봐. 뒤떨어진 사람들이야! 하지만 우린 알아. 우리에겐 비결이 있어. 우린 비밀을 알고 있어."

그러나 인생을 조금만 살아보면 사는 것이 생각만큼 쉽지 않다는 것을 알게 됩니다. 이는 비관적인 발언이 아닙니다. 사실에 충실한 말일 뿐입니다. 그리고 우리는 이 세상에서 더없이 붙잡기 어려운 것이 행복이라는 사실을 곧 깨닫게 됩니다.

그 다음 단계는 무엇일까요? 비그리스도인의 최종 단계는 자포자기에 빠지거나 극도의 절망감에 사로잡히는 것입니다. 찬송가 작가, 에드워드 헨리 비커스테스Edward Henry Bickersteth 는 이렇게 묻습니다. "죄 많은 이 어두운 세상에 평화, 완전한 평화가 가능할까?" 사람들은 말합니다. "불가능하다. 절대로 불가능하다."

절망의 상태에 있는 사람이 많고 세계 최고의 문학은 우리가 좋아하든 싫어하든 비극 문학임을 부정할 수 없습니다. 셰익스피어Shakespeare의 최고 희곡들은 모두 비극입니다. 그리스에서 나온 최고의 문학 작품들도 비극입니다. 왜일까요? 삶이 비극이기 때문입니다. 그렇기 때문에 피터팬이나 팅커벨식의 인생관이 허튼소리인 것입니다. 스페인 작가 미겔 데 우나무노Miguel de Unamuno가 삶에서 위대하고 중요한 모든 것은 늘 묘사한 것처럼 "생의 비극적 의미"를 표현하고 있습니다.

인생은 비극입니다. 비극은 어디서든 등장하고 현실은 온통 비극입니다. 비극은 인간의 큰 문제이고 탐구 주제입니다. 우리는 비극의 한복판에 있기 때문에 행복을 추구합니다. 그러나 수많은 사람들이 행복은 불가능하다는 결론에 이릅니다. 인생의 유일한 결말은 등장인물 대부분이 죽임을 당하는 장면으로 끝나는 세익스피어의 탁월한 비극과도 같거든요. 죽음은 모든 사람의 끝입니다. 비극입니다!

그러나 어떤 사람들은 여기서 머물지 않습니다. 그들은 자포자기와 더없는 절망감에 시달리다가 냉소주의자가 됩니다. 그들은 이렇게 말합니다. “인생, 그게 뭐야?” 온갖 부류, 온갖 유형의 인간을 아는 세익스피어는 이런 부류의 사람들 중 한 사람(맥베스-역주)의 입을 빌어 냉소주의를 표현합니다. “인생이 무엇이냐? 소음과 광란이 가득하고 아무 뜻 없는, ‘바보가 들려주는 이야기’이다.”

이것이 냉소주의입니다. “바보가 들려주는 이야기”, 이것이 인생입니다. 인류의 역사를 보면 거기에 중대한 뭔가가 있다는 느낌을 피할 수 없습니다. 수많은 전쟁과 온갖 전쟁준비가 순전한 바보짓, 미친 짓, 광기가 아니면 무엇입니까! 인간은 천치, 바보입니다.

냉소주의자는 이 사실을 알아채고 말하는 것입니

다. 일부 시인들도 이런 견해를 표명했습니다. 전형적인 냉소주의자가 쓴 시 한 편을 소개합니다.

> 누구와도 다투지 않았다.
> 다툴 만한 가치 있는 사람이 없었으니까.
> 내가 가장 사랑한 것은 자연,
> 그 다음은 예술.
> 인생의 불 앞에서 두 손을 쬐었다.
> 불길은 약해지고 나는 떠날 준비가 되었다.
>
> – 월터 세비지 랜더Walter Savage Landor

이것이 많은 현대인의 지친 태도입니다. 또 다른 사람은 이렇게 표현했습니다.

> 살아 있는 모든 사람은 죽으려고 태어났으니
> 누구도 진정 행복하다고 뽐낼 수 없다.
> 무슨 일이 벌어지든 똑같은 마음으로 견디자
> 어찌할 수 없는 일로 너무 기뻐하지도
> 너무 슬퍼하지도 말자.

우리는 순례자들처럼 정해진 장소로 나아간다.

세상은 여인숙, 죽음은 여행의 끝이다.

– 존 드라이든John Dryden

시인은 말합니다. "그래. 너무 행복해하지도 말고, 너무 비참해하지도 말라. 지나간 일을 후회하지 말고 아무것도 바라지 말고 최선을 다해 그냥 나아가라."

냉소주의자는 또 이렇게 말합니다. "어디에 있든 무엇을 하든, 향기름의 죽은 파리(귀중한 것을 훼손하는 혐오스러운 요소. 전도서 "죽은 파리들이 향기름을 악취가 나게 만드는 것 같이"[10:1]에서 나온 표현-역주)는 있는 법이다."

"헛되고 헛되니 모든 것이 헛되도다"(전 1:2). 이것이 지적인 세상이 내리는 결론입니다. 그리스도인이 아닌 세상 사상가를 만나보면 이 두 결론 중 한쪽에 이릅니다. 절망에 무너지거나 냉소주의에 빠진 채 구석에 앉아 인생에 대한 말들을 합니다.

성경은 두 결론 모두에 답하고 모두를 거부합니다. "그렇다. 너희가 말한 것은 어떤 의미에서는 사실이다. 하지만 너희는 가장 중요한 요소를 빠뜨렸다. 하나님을!" 그리고 성경은 "복 있는 사람"에 대해 말합니다. 이는 곧 세상에서도 행복을 누릴 수 있다는 말입니다. "죄 많은 이 어두운 세상에 평화, 완전한 평화가 가능합니까?" 그렇습니다. "예수의 보혈이 내 안에 평화를 속삭이네." 이것은 자포자기, 절망, 하나님 없는 세상의 냉소주의에 맞선 강력한 항의입니다. 이것이 제가 시편 1편에서 발견하는 첫 번째 이론입니다.

둘째, 성경은 처음부터 우리가 행복을 찾지 못하는 이유가 잘못된 방식으로 행복을 추구하기 때문이라고 말합니다. 이 부분 역시 성경만의 독특함, 그 무엇과도 다른 이론입니다.

대부분의 사람들은 "난 행복을 찾을 거야!"라고 말하고 행동에 나섭니다. 여러분, 자리에 앉아 잠시 기다리십시오. 이론을 살펴보십시오. 행복을 찾는 법을 먼저 배워야 합니다. 올바른 방식으로 찾지 않으면 절대 행복에 도달하지 못할 테니까요. 잘못된 길에서 출발하면 잘못된 곳에 이르게 될 것입니다.

원리는 이처럼 아주 간단하고, 옳습니다. 성경은 행복을 찾는 비결에 관한 이론을 갖고 있습니다.

몇 가지 중요한 부정적인 사실 。

성경이 제시하는 첫 번째 부정적 사실은 행복이 궁극적으로 상황에 달려 있지 않다는 것입니다. 이것은 매우 중요합니다. 우리는 행복이 상황에 달려 있다고 생각합니다. 그렇지 않습니까?

경제적으로 풍족하고 모든 일이 순조로우면 행복합니다. 돈을 잃거나 상황이 불리하게 돌아가면 어떻게 행복할 수 있습니까? 인간의 행복은 상황과 사건과 사고에 달려 있습니다. 미래를 내다보면서 이렇게 생각한 적이 있을 것입니다. '이런 일이 일어나면 얼마나 좋을까! 그렇지 않으면 다시 혼란이 찾아오고 나는 절대, 결코 행복해질 수 없을 거야.' 그러나 이것은 완전히 잘못된 생각입니다! 행복은 이런 것들에 달려 있지 않다는 것이 성경의 가르침입니다.

두 번째 부정적 사실에 성경의 위대한 지혜가 있습니다. 행복, 그 자체를 목적으로 삼고 추구해서는 안 된다는 것입니다. 행복은 부산물입니다. "복을 추구하는 사람이 복이 있다?" 아닙니다! "복 있는 사람은 악인들의 꾀를 따르지 아니하며 …… 여호와의 율법을 즐거워하여 그의 율법을 주야로 묵상하는도다."

복 있는 사람은 행복을 추구하지 않습니다. 이것이 지혜의 정수입니다. 행복을 추구하고 행복을 위해 살면 결코 행복을 얻지 못할 것입니다.

이 위대한 메시지가 신약성경에서는 어떤 형태로 제시되는지 보여 드리겠습니다. "의에 주리고 목마른 자는 복이 있나니 그들이 배부를 것임이요." 행복에 주리고 목마른 자가 복이 있는 것이 아닙니다. "의에 주리고 목마른 자는 복이 있나니〔행복하나니〕 그들이 배부를 것임이요"(마 5:6).

잡히지 않는 행복을 추구하는 이들이 아니라 의를 추구하는 사람들이 행복을 얻을 것입니다.

산상설교의 뒷부분에서 우리 주님이 이것을 어떻

게 표현하시는지 다시 보십시오. 요컨대 주님은 이렇게 말씀하십니다. "그러므로 염려하여 이르기를 무엇을 먹을까 무엇을 마실까 무엇을 입을까 하지 말라"(마 6:31). 우리 주님이 말씀하십니다. "그런즉 너희는 먼저 그의 나라와 그의 의를 구하라 그리하면 이 모든 것을 너희에게 더하시리라"(마 6:33).

행복은 덤으로 주어지는 것입니다. 행복을 추구하면 결코 찾지 못할 것입니다. 결코 손에 잡히지 않을 것이고 언제나 여러분을 피해 도망할 것입니다. 여러분이 잡았다고 생각할 때 행복은 순식간에 사라져버릴 것입니다. 그것은 마치 영롱한 비눗방울을 잡으려는 것과 같습니다. 잡았다고 생각하는 순간 손에서 터져 사라지고 아무것도 남지 않습니다.

성경은 이렇게 말합니다. "아니다, 아니야. 그것은 통째로 오류이다. 이론을 바르게 파악해라. 행복 그 자체를 목적으로 삼아서는 안 된다. 행복은 언제나 간접적 결과이다. 행복은 언제나 그보다 무한히 더 큰 다른 것의 부산물이다."

이 내용을 긍정적으로 표현해 보겠습니다. "행복

은 두 가지에만 달려 있다. 하나님과 그분의 의와 나의 관계이다. 또 나는 어떤 존재인가에 달렸다. 이것이 비결이다."

성경은 얼마나 심오한 책인지요! 사람들은 왜 성경에 귀 기울이지 않을까요? 제가 지칠 줄 모르고 인용하는 셰익스피어가 이것을 완벽하게 요약합니다.

> 브루투스, 우리가 노예인 것은
> 우리 〔운명을 알리는〕 별의 잘못이 아니라
> 우리 자신의 잘못 때문이라네.

문제는 여러분에게 일어나는 일이 아니라 여러분 자신입니다. "두 사람이 감옥 창살 사이로 바깥을 내다봤다. 한 사람은 진흙을 보았고, 다른 사람은 별을 보았다." 상황은 동일하나 두 사람의 차이는 얼마나 큰지요! 그리고 그 차이는 그들의 환경이 아니라 그들 자신에게 있었습니다.

강둑에 핀 앵초 한 송이

그에게 노란 앵초였네

그뿐이었네.

- 윌리엄 워즈워스William Wordsworth

이런 부류의 사람이 있는가 하면, 다른 부류도 있습니다.

나부끼는 초라한 꽃이

내게 안겨 주는 것은

눈물로 담아 낼 수 없을 만큼

심오한 생각거리.

- 윌리엄 워즈워스

"아름다움은 보는 이의 눈에 달려 있다." 여러분의 행복을 결정하는 것은 상황이나 사건들이 아닙니다. 여러분의 행복을 결정하는 것은 하나님과의 관계입니다. 여러분이 어떤 존재인가에 달려 있습니다. 이것이 성경의 행복 이론입니다.

이제 실천으로 넘어갑시다. 이것도 그지없이 간

단하고 평이하고 분명합니다. 만약 우리 중 누군가 지옥에 가게 된다면 자신 말고는 탓할 사람이 없을 것입니다. 메시지가 너무 어렵고 복잡해서 이해할 수 없었다고 말할 수는 없습니다. 성경이 요구하는 실천 사항은 누구라도 알 수 있지 않습니까? 본질적으로 간단하지 않습니까? 시편 기자는 이론에서 멈추지 않습니다. 그는 인간을 너무나 잘 알기 때문에 행동에 대해서도 자세히 풀어냅니다.

그러면 어떻게 행동해야 할까요? 시인은 "복 있는 사람은 …… 를 따르지 아니하며"라고 말합니다. 이번에도 부정적인 사실로 시작합니다. 우리는 부정적인 진술을 좋아하지 않습니다. 그렇지요? 우리는 너무 똑똑합니다. 뭘 하지 말라는 말을 들을 필요가 없습니다! 우리는 무엇을 하라는 말을 듣기 원합니다. 그것이 현대적 태도 아닙니까? 하지만 성경은 언제나 이렇게 말합니다. "…… 하지 말지니라. …… 하지 말지니라." 도대체 왜 그런 것일까요?

부정적인 사실을 마주함

자, 우리가 왜 긍정적인 사실보다 부정적인 사실을 먼저 제시하는 이유를 이해하는 것이 대단히 중요합니다. 그 이유를 몇 가지 말씀드리겠습니다.

첫째, 성경이 부정적인 사실로 시작하는 이유는 온 세상에서 가장 현실적인 책이기 때문입니다. 성경은 언제나 있는 그대로의 세상에서 출발합니다. 그러나 우리는 그것을 좋아하지 않습니다. 우리는 인생을 예쁘게 그리길 원합니다.

우리는 "이제 나는 행복해질 거야"라고 말하고 머릿속에서 아름다운 그림을 그립니다. 꿈을 꾸기 시작합니다. 이는 우리가 행복을 절대로 못 찾는 이유입니다! 현실을 바로 보는 일에서부터 시작해야 합니다. 있는 그대로의 세상에서, 바로 그 자리에서 시작해야 합니다. 물론 저도 압니다. 그것은 더없이 불편한 일이고 그 일을 좋아하는 사람은 없습니다.

어느 아일랜드인의 이야기가 떠오릅니다. 아일랜드에 온 여행자가 길가에서 일하던 한 사람에게 물었습니다. "저, 안녕하세요. 더블린으로 가려고 하는데 어느 길이 좋을까요?" 아일랜드 사람은 이렇게 대답했습니다. "저라면 여기서 출발하진 않을 겁니다."

이 말에는 아주 심오한 교훈이 담겨 있지요. 그렇지 않습니까? 그러나 영적 의미에서는 우리 모두 이 아일랜드 사람과 같습니다.

"어떻게 갈 겁니까?"

"여기서 출발하진 않을 겁니다." 바로 이겁니다! 다시 말해, 우리는 자신을 직시하고 싶지 않은 것입니다. 다른 곳에서 출발하고 싶습니다. 지금 있는 곳에서 1천 5백 킬로미터쯤 벗어나고 싶습니다. 그런 다음, 전세기를 타고 행복을 향해 떠나고 싶습니다. 하지만 여러분, 여러분이 있는 곳이 여러분의 자리이고, 좋든 싫든 거기서 시작해야 합니다. 성경은 이 사실을 결코 회피하지 않습니다. 성경은 그 어떤 것에서도 볼 수 없는 엄중한 현실감으로 우리가 이 사실을 직시하게 만듭니다.

둘째, 성경은 언제나 부정적인 정죄로 시작합니

다. 이 세상이 악하기 때문입니다. 남자든 여자든 자신의 죄를 깨닫기 전에는 소망이 없습니다. 인간은 자신의 악함을 깨닫고 온 세상이 타락했음을 인정해야 합니다.

"복 있는 사람은 …… 를 따르지 아니하며 ……." 이 말씀은 우리를 가르칩니다. 우리는 이 말씀이 필요합니다. 세상은 말합니다. "삶은 아름답지 않은가?" 그러나 성경은 정반대로 말합니다. "삶은 더럽고 추하다."

성경이 부정적인 사실에서 시작하는 세 번째 이유는, 영혼을 고치는 좋은 의사가 되고자 하면 치료를 시작하기 전에 진단을 내려야하기 때문입니다. 환자에게 다짜고짜 약을 처방할 것이 아니라 먼저 그의 상태를 면밀히 살피는 데 시간을 사용해야 합니다.

그러나 우리는 그것을 좋아하지 않습니다. 우리는 이렇게 말합니다. "다른 것을 주세요. 통증을 가라앉히고 기분이 좋아지게 만드는 것을 주세요."

안됩니다. 좋은 의사는 이렇게 말합니다. "이 사

람이 아픈 원인이 무엇인가? 그것부터 알아내야 한다. 그것을 찾아내야 한다." 의사는 환자의 병력을 살피고 철저히 조사하고 확실하게 파고들어 병의 원인을 알아내야 합니다. 원인을 알아내지도 않고 치료부터 한다면 진짜 의사라고 말할 수 없습니다. 그러나 지금 온 세상이 이런 일을 하고 있습니다. 세상은 진단을 내리기를 좋아하지 않습니다. 세상은 이렇게 말합니다. "이리 와 보세요. 뭔가 대단한 게 있어요. 이렇게 놀라운 건 평생 처음일 겁니다!"

세상은 여러분이 원하는 모든 것을 한꺼번에 당장 줄 수 있을 것처럼 말합니다. 그러나 세상은 그럴 능력이 없습니다. 진단부터 내리고 원인을 먼저 찾아야 합니다. 이것이 문제에 대응하는 바른 방식입니다. "행복해지고 싶다"고 말하는 사람에게는 그가 불행한 이유부터 물어야 합니다. 그것이 상식입니다. 그렇지 않습니까?

성경이 부정적 사실에서 시작하는 네 번째 이유는 죄가 악하다는 것과 회개의 필요성을 인정하는 것이 구원으로 가는 첫걸음이기 때문입니다. 회개하고 복음을 믿으십시오. 늘 죄의 자각이 먼저고 사죄와 용서는 그 다음입니다. 악에서 완전히 돌아서서 하나님께 자신을 바치기 전까지는 누구도 행복을 찾지 못할 것입니다.

다음으로 강조를 위해 다섯 번째와 여섯 번째 이유를 연이어 소개하겠습니다. 성경이 맨 처음부터 부정적인 사실을 말하는 이유는 하나님의 생명과 구원의 길이 이제껏 우리가 알던 모든 것과 본질적으로 다르기 때문입니다. 성경은 이렇게 말합니다. "행복의 길은 너희나 다른 모든 이들이 늘 허황되게 생각해 왔던 것과 다르다. 너희가 와서 내 말을 듣는다면 깜짝 놀랄 각오를 해야 한다. 평생 한 번도 들어보지 못한 말을 들을 준비를 해야 한다. 너희가 상상도 못했던 것, 혁명적인 내용, 다른 세계에서 오는 지식을 듣게 될 것이다."

정확히 그렇습니다! 이것은 인간이 아니라 하나님이 하시는 일입니다. 땅에 속한 것이 아니라 하늘에서 내려오는 것입니다. 영원이 시간 속으로 들어오는 일입니다. 지금까지 우리가 본 것들과 전혀 다릅니다. 복으로 가는 길은 다릅니다. …… 우리가 이제껏 믿고 신뢰했던 모든 것을 '부정'합니다. 이것은 인류가 그 힘과 능력이 절정에 달한 순간에도 생각하지 못했던 그 무엇입니다. 이것은 특별한 하나님의 길입니다.

좀 더 자세히 살피기

여기까지가 성경이 부정적 사실을 제시하는 이유에 대한 설명입니다. 이제 좀 더 자세히 살펴볼 차례입니다. 그 내용은 아주 간단합니다. 무엇을 피해야 합니까? 첫째, "악인(불경건한 자)의 꾀"를 피해야 합니다. "복 있는 사람은 악인(불경건한 자)들의 꾀를 따르지 아니하며."

행복해지고 싶다면 가장 먼저 세상의 인생관에 귀 기울이는 일을 멈추어야 합니다. 세상의 인생관에는 하나님이 없습니다. 하나님의 뜻과는 정반대로만 행합니다.

그래서 세상이 지금과 같은 모습입니다. 불경건하기 때문에 지금과 같습니다. 시편 기자는 이 악인을 두고 다른 곳에서 이렇게 말합니다. "그의 모든 생각에는 하나님이 없나이다"(시 10:4, KJV). 성경은 "행복해지고 싶다면 불경건한 자의 꾀를 따라 행하지 말라"라고 말하는데, 여기서 "꾀counsels"는 불경건한 사람이 우리에게 조언하는 일을 뜻합니다. 그는 이렇게 말합니다. "교회 가는데 시간을 허비하지 말아요. 시대에 뒤떨어진 책인 성경을 읽는 데 시간을 허비하지 말아요. 성경은 현시대에 맞지 않아요. 과학이 성경을 아주 묵사발을 내놓았답니다! 성경에는 아무것도 없어요. 하나님을 믿지 말아요. 자신을 믿어요!"

그의 꾀는 불경건합니다. 그는 자신의 지혜를 신뢰하고, 자신의 이해력을 신뢰하고, 자신의 지식을 신뢰합니다. 하지만 사람들이 50년 전에 과학적이라며 믿었던 것들이 이제는 비웃음의 대상이라는 것을 그도 인정해야 합니다. 그런 일이 수 세기에 걸쳐 반복되고 있습니다. 그러나 그는 여전히 과학을 신뢰합니다. 자신의 이성, 자신의 탐구와 발견을 신뢰합니다. 자신과 타고난 능력을 신뢰하고 하나님과 그분이 상징하는 모든 것을 무시합니다. 이는 곧 불경건한 사람입니다.

그런데 여기서 "불경건한ungodly"으로 번역된 단어는 대단히 흥미롭습니다. 이 단어에는 불안감이 담겨 있습니다. 불경건한 사람은 불안할 수밖에 없습니다. 진실을 모르기 때문입니다. 그의 지식은 불확실합니다. 그는 이론을 계속 바꾸어야 합니다. 허점투성이기 때문입니다.

어느 정도 나이가 든 저는 기억합니다. 저는 원자가 쪼개질 수 없다고 배웠고, 원자가 물질의 가장 작은 입자라고 배웠습니다. 원자는 궁극의 작은 것을 의미했습니다! 그런데 이것은 확실한 지식일까요? 이제 그런 생각은 사라졌고 완전히 논파되었습니다. 성경은 이렇게 말합니다. "그런 사람의 꾀를 따르지 말라. 그 사람의 말에 귀를 기울이지 말라!"

둘째, 우리는 "죄인들의 길에 서지" 말아야 합니다. 이 말에는 설명이 필요 없을 것입니다. 행복해지고 싶다면 세상의 길, 죄인의 길을 피해야 합니다. 죄인은 육신을 위해서 삽니다. 먹고 마시고 성에 탐닉하면서 삽니다. 저는 그런 것들에 반대하는 설교를 하려고 여기 선 것이 아닙니다. 그런 식으로는 결코 행복을 찾을 수 없다는 말씀을 드리려고 이 자리에 있습니다. 이제껏 그 누구도 그런 방식으로 행복을 찾지 못했습니다. 그들은 행복을 찾았다고 생각하지만 그렇지 않다는 것을 곧 깨닫게 됩니다. 죄인의 길에 서지 마십시오. 죄인의 길에서는 행복을 얻지 못할 것입니다.

셋째, "오만한 자들의 자리에 앉지" 말아야 합니다. 오만한 자는 어떤 사람입니까? 비웃는 사람입니다. 신성하고 거룩하고 성화된 모든 것을 조롱하는 사람들입니다. 기독교를 비웃고 놀리고, 하나님과 그분의 율법과 명령에 코웃음 치고, 혼인을 비롯한 인생의 모든 신성한 것들을 비웃는 사람들입니다. 도덕과 품위를 조소하고 그런 태도를 '자기 표현'이라고 부르는 사람들입니다.

이들은 성경에 대해 빈정대어서 인기를 끕니다.

이들은 어떤 것도 신성하게 여기지 않고, 어떤 것도 훌륭하다고 여기지 않습니다. 하나님을 포함한 모든 것을 비웃음과 조롱의 대상으로 삼습니다. 이들이 얼마나 영리하고 유창한지요. 비평가들은 이들에게 찬사를 보냅니다! 그러나 이들은 오만한 자들, 비웃는 자들, 영리한 조종자들, 생명의 영광에 관해서는 아무것도 모르는 영혼 없는 자들입니다. 자신의 기지에 기대어 살고 그 외에는 아무것도 없는 텅 빈 사람들입니다. 이들에게는 소중하고, 다정하고, 아름답고, 깨끗하고, 목숨을 걸만한 가치가 있는 것이 전혀 없습니다.

이것이 시편 기자가 우리에게 자세히 들려주는 내용입니다. "복 있는 사람은 악인들〔불경건한 자들〕의 꾀를 따르지 아니하며 죄인들의 길에 서지 아니하며 오만한 자들의 자리에 앉지 아니하고."

여기에 어떤 흐름이 있습니까? 저는 따르고, 서고, 앉는 것에 주목합니다. 죄가 우리 모두를 점점 장악하는 것을 멋지게 보여 주는 그림입니다. 나쁜 실천과 악한 습관이 영혼을 점차 사로잡는 그림이지요. 처음에 우리는 이렇게 말하며 이것을 따라갑니다. "나는 이것의 노예가 되지 않을 거야. 나는 걷고 있어. 여전히 움직이고 있다고!" 맞습니다. 그러나 곧 다음 단계가 찾아와 멈춰 서서 움직이지 않게 될 것입니다. 그 다음 단계에서는 앉아 있게 될 것입니다. 죄가 여러분을 장악할 것이고, 여러분은 그 자리에 주저앉게 될 것입니다.

그리고 이 흐름에는 또 다른 측면이 있습니다. 죄로 인해 만들어지는 점진적 마비 상태입니다. 죄는 사람과 그 안의 훌륭한 것들이 퇴보하게 만듭니다. 결국 사람은 구석에 앉아 이렇게 말하게 됩니다. "이 모든 게 무슨 소용이 있어? 내일이면 죽을 테니, 먹고 마시고 즐기자."

"오만한 자들의 자리에 앉[음]." 이 얼마나 생생한 묘사입니까! 그들은 쓸모없어진 채로 꼼짝도 하지 않습니다. 아무 일도 하지 않습니다. 어떤 영향도 미치지 못합니다. 그냥 앉아서 투덜거리고 말만 할 뿐입니다. 비웃는 자들과 오만한 자들입니다. 그들의 말에 귀 기울이지 마십시오. 그들은 그 누구보다 행복에서 멀리 떨어져 있습니다. 모든 것을 잃어버렸고 소망이 전혀 없습니다. 악과 죄로 마비된 채 그저 앉아 있을 뿐입니다.

행복의 비결

지금까지 부정적인 사실을 말했습니다. 긍정적인 사실에 대해서 간단히 소개하겠습니다. 이것은 제가 서두에서 소개한 이론이 행동으로 옮겨진 것일 뿐입니다.

행복의 비결은 "여호와의 율법을 즐거워하"는 것입니다. 철학자들의 영리함이나 소위 사상가들의 추측이 아니라, 불경건한 자들의 도모와 생각이 아니라, 주님의 법, 즉 성경, 하나님의 통치, 신구약성경, 율법과 복음을 즐거워하는 일입니다. 제게 필요한 일들이 이 안에 다 있습니다. 행복으로 가는 하나님의 길이 제 앞에 온전히 있습니다.

보시다시피, 복 있는 사람들은 율법을 즐거워합

니다. 그들은 율법에 지적인 관심만 갖지 않습니다. 율법대로 행하지 않는 것이 두렵고 죄의 결과가 두렵다는 이유에서만 율법을 읽는 것이 아닙니다. 그들이 단순히 실용주의자들이라서 유용성을 기대하고 율법을 들여다보는 것이 아닙니다. “정직이 최선의 방책이야. 나는 성공하고 싶어. 그래서 나는 어떤 일들은 하지 않아.” 이것은 그들의 태도가 아닙니다.

그들은 여호와의 율법을 즐거워합니다. 그것을 아는 데서 큰 즐거움을 느낍니다. 그들은 “이거 멋지지 않아?”라고 말합니다. “율법을 주야로 묵상”합니다. 그들은 그 이유를 이렇게 말합니다. “이와 같은 것은 없습니다. 다른 모든 것은 헛되고 엉터리고 도깨비불과 같습니다. 이것은 하나님의 진리, 하나님의 지혜입니다! 참으로 경이롭게도! 율법은 효과가 있습니다. 율법은 내가 원하는 것을 줍니다.” 그들은 율법을 즐거워합니다. 이들이 행복한 남자, 행복한 여자입니다.

시편 기자의 방식대로 표현해 보겠습니다. 한글 번역에는 약간의 아쉬움이 있습니다. “복 있는 사람은 …… 한다"라고 되어 있습니다만, 시편 기자가 쓴 내용은 이렇습니다. "오 이런 사람의 복됨이여!"

왜 이렇게 썼을까요? 시편 기자는 복의 온전함, 다양성, 광범위함을 드러내기 위해 이렇게 말한 것입니다. "이루 다 묘사할 수가 없다. 오 복됨이여. …… 얼마나 멋진가!" 이 모든 내용을 담아 내려고 시도한 "존 뉴턴John Newton"의 시에 귀를 기울여 보십시오.

생명 샘이 흘러나와
모든 성도 마시니
언제든지 솟아나와
부족함이 없도다.
이런 물이 흘러가니
목마를 자 누구랴?
주의 은혜 풍족하여
넘치고도 넘친다.

나의 죄가 용서받았음을 아는 지식의 복됨이요,

내가 과거에 행하고 말하고 생각했던 모든 것, 불결하고 무가치하고 죄악된 모든 것이 그리스도께서 나를 위해 죽으심으로 하나님의 사랑 안에서 지워졌다는 것을 아는 복됨입니다. 내 과거가 잊혔고 다시는 내게 불리하게 거론되지 않을 것임을 아는 복이여! 용서와 사죄가 여기 있습니다.

또 무엇이 있을까요? 그리스도 안에 있는 생명입니다. 곧 하나님 안에 있는 생명입니다. 우리 주님이 말씀하셨습니다. "내가 온 것은 양으로 생명을 얻게 하고 더 풍성히 얻게 하려는 것이라"(요 10:10). 바로 이것입니다. 하나님이 주시는 생명, 평화와 기쁨, 이 풍성함과 온전함을 받는 복된 상태입니다. 그들은 들어가고 나오며 꼴을 얻을 것이고(요 10:9) 양식이 끝없이 공급될 것입니다.

나의 죄를 사하는
주의 은혜 크도다.
생명수로 고치사
나를 성케 하소서.

생명 물은 예수니
마시게 하시옵고
샘물처럼 내 맘에
솟아나게 하소서.

– 찰스 웨슬리Charles Wesley

여러분은 이 복된 상태에 있습니까? 이 행복을 아십니까? 성경을 즐거워하십니까? 하나님을 즐거워하십니까? 주 예수 그리스도를 기뻐하십니까? 영원의 기쁨과 영광을 묵상하기를 기뻐하십니까?

그렇다면, 세상이 여러분에게 어떻게 하는지는 중요하지 않습니다. 여러분은 계속 복을 받을 것입니다. 여러분은 계속 행복할 것입니다. 그 무엇도 이 행복을 여러분에게서 빼앗지 못할 것입니다. 이것은 여러분 안에 있고 여러분과 하나님 사이에 있으며 상황과 상관없이 존재합니다.

이 복을 어떻게 얻을 수 있을까요? 여러분은 자신이 성경을 즐거워하게 만들 수 없습니다. 한번 시도해 보십시오. 자신의 힘으로는 불가능하다는 것을 알게 될 것입니다. 스스로를 의롭고 선한 사람으로 만들 수 없습니다. 여러분의 의지는 너무 약합니다. 자신의 결심을 절대 믿지 마십시오. 곧 흐지부지될 것입니다.

이 복을 얻는 길은 하나뿐입니다. 성경을 읽으십시오. 성경은 여러분을 만나 이렇게 말할 것입니다. "이제 귀를 기울여라. 네가 지금 불행하고 비참한 이유는 세상의 삶, 죄로 얼룩진 삶을 살아왔기 때문이다. 너는 거기서 나와야 한다." 그러나 어떻게 나올 수 있을까요? 자신의 의지로는 결코 죄에서 벗어나지 못할 것입니다.

성경은 말합니다. "그렇게는 안 된다. 그러나 하나님이 세상을 이처럼 사랑하사 독생자를 주셨으니 이는 그를 믿는 자마다 멸망하지 않고 영생을 얻게 하려 하심이라"(요 3:16). "인자가 온 것은 잃어버린 자를 찾아 구원하려 함이니라"(눅 19:10).

이 교훈, 주님의 이 법에 귀를 기울이십시오. 그러면 주님의 법이 이렇게 말할 것입니다. "회개하고 복음을 믿으라. 너의 죄를 인정하고 너의 실패를 인정하라. 나사렛 예수께서 하나님의 아들이심을 믿으라. 그분이 이 세상에 오시고 십자가에서 죽으신 것은 네 죄의 형벌을 대신 지고, 너를 자유롭게 하고, 너를 하나님과 화해시키고, 너에게 새생명을 주고, 너를 영원한 지복의 상속자로 만들기 위해서였음을 믿으라."

이것을 믿으십시오! 그러면 주님이 여러분에게 새생명을 불어넣으셨음을 발견하게 될 것입니다. 여러분은 새로운 존재가 될 것입니다. 성경을 정말 즐겁게 읽게 될 것이고 "여호와의 율법을 즐거워하게" 될 것입니다. 다른 무엇보다 성경이 읽고 싶어지고 세상과 그 희미해지는 쾌락이 이전처럼 좋게 느껴지지 않을 것입니다. 그리고 하나님과 그리스도와 영광의 소망에 관해 더 알고 싶어질 것입니다.

주의 은혜 내가 받아
시온 백성 되는 때
세상 사람 비방해도
주를 찬송하리라.

세상 헛된 모든 영광
아침 안개 같으나
주의 자녀 받을 복은
영원무궁 하도다.

- 존 뉴턴John Newton

여러분은 이 복을 아십니까? 이 지혜에 귀를 기울이십시오. 이것이 행복을 위한 유일한 길입니다. 불경건한 자의 생각, 행동, 모든 것을 버리십시오. 그리스도 안에 있는 하나님의 메시지를 믿으십시오. 그것을 마음으로 받으십시오. 하나님께 자신을 드리고 이 새생명으로 채워 달라고 구하십시오. 이 새생명만이 우리를 복 되게 만들 수 있고, 유한한 이 세상에서 어떤 일이 벌어지더라도 우리가 이 복을 잃지 않게 해 줄 것입니다.

2

바람에 나는 겨와 같도다

하나님 없는 자들의 실상

◎

[3] 그는 시냇가에 심은 나무가
철을 따라 열매를 맺으며
그 잎사귀가 마르지 아니함 같으니
그가 하는 모든 일이 다 형통하리로다.

[4] 악인(불경건한 자)들은 그렇지 아니함이여
오직 바람에 나는 겨와 같도다.

시편 1편 3-4절

▲

전 인류를 하나로 묶는 공통점이 있습니다. 행복해지고 싶은 욕망입니다. 이 욕망을 이상한 방식으로 드러내는 사람들도 있지만, 기본적으로 모든 사람이 이 욕망을 가지고 있습니다.

바로 이런 이유로 성경은 보편적인 책으로 자처합니다. 성경은 삶의 교과서, 영혼의 매뉴얼입니다. 사람들이 세상의 시간을 통과하면서 겪는 온갖 상태와 조건을 다루는 책입니다. 그래서 저는 지금까지 말한 것처럼, 성경의 관점에서, 즉 시편 1편의 관점에서 인류와 행복이라는 이 오래된 문제를 생각해 보길 권합니다.

저는 인류가 성경 밖에서 행복을 발견할 때까지 계속 설교할 것입니다. 이 말은 제가 죽을 때까지 계속 설교할 것이라는 뜻입니다. 제가 죽고 나면 분명 다른 이들이 계속 설교할 것입니다.

성경은 누구도 성경이 밝히는 방식과 다르게 별개로 존재하는 행복을 찾을 수 없을 것이라고 말합니다. 그래서 이것은 영구적 진리입니다. 언제나 현대적인 메시지입니다. 성경은 결코 구식이지 않습니다. 성경은 지금도 가장 현실적이고 미래적인 책입니다. 다른 모든 가르침과 철학은 끊임없이 쓰레기

더미에 던져집니다. 50년 전의 과학이나 철학을 어떻게 생각하십니까? 이제는 전부 조롱과 비웃음거리가 되어 까맣게 잊혔습니다.

우리가 앞서 봤다시피, 성경은 참으로 하나님의 말씀입니다. 그렇기 때문에 가장 현실적인 메시지입니다. 행복을 찾는 사람은 여호와의 율법을 즐거워하고 밤낮으로 묵상합니다. 우리가 살펴보았던 시편 1편의 또 다른 주장은 사람들이 잘못된 방식으로 행복을 추구하기 때문에 행복하지 못하고 행복을 찾지 못한다는 것입니다.

사람들은 언제나 행복에 직접적으로 접근하는 잘못을 저지릅니다. 영적 영역에서는 군사 영역에서처럼 소위 '간접 접근'이 최고의 전략임을 배우지 못한 것입니다. 성경에서 이는 언제나 참입니다. 의를 추구하면 행복을 얻게 될 것입니다. 그러나 행복을 추구하면 행복을 얻지 못할 것입니다.

우리는 사람들이 저지르는 두 번째 큰 실수도 보았습니다. 사람들은 행복이 상황에 의해 좌우된다고 시종일관 생각합니다. 이것은 아주 큰 오류입니다.

행복이 상황에 달려 있다면 이 세상에 행복 같은 것은 절대로 없을 테니까요. 그러나 오늘 본문은 우리에게 행복이 존재한다고 말합니다. "복 있는 사람은"이라고 말하고 있으니까요. 이것은 상황과 별개로 존재하는 행복입니다. 그리고 본문은 행복이 하나님과 우리의 관계와 영혼의 상태와 형편에 궁극적으로 달려 있다고 말합니다. 이것은 참된 행복이고, 진실이기 때문에 우리 인생에 어떤 일이 닥쳐도 지속되고 이어지고 떠나지 않습니다.

성경을 믿지 않는 이유

이제 중요한 질문이 따라옵니다. 그러면 사람들은 왜 이것을 믿지 않으며 성경이 이야기하는 복, 이 행복을 경험하지 못할까요? 크게 두 가지로 설명할 수 있습니다.

첫째, 사람들은 스스로에 대해 너무나 무지합니다. 자신을 있는 그대로 보지 못합니다. 그래서 늘 잘못된 가정에서 출발합니다. 모든 문제가 남이나 다른 무엇에 있다고 가정합니다. 그들은 잘못 생각했고, 이렇듯 처음부터 잘못된 생각에 빠져 있는 한 참된 행복에 이를 가능성이 없습니다. 그들은 자신에 관한 진실을 배워야 하는데, 이 "여호와의 율법", 즉 성경의 메시지를 믿지 않으면 그것을 결코 배울 수 없습니다.

성경 말고는 자신에 관해 진실을 말해 주는 것이 하늘 아래 없습니다. 사람들이 신문을 읽습니다만, 거기서는 스스로에 관한 진실을 절대 발견하지 못할 것입니다. 어떤 의미에서 신문은 그들에 관한 진실을 말하지만, 그 진실은 사람들의 입맛에 맞는 형식으로 표현되어 있습니다. 그래서 사람들은 신문을 보고 죄를 깨닫지 못합니다. 그저 재미있어 합니다.

그러나 오늘날 신문을 읽는 사람은 누구나 끔찍한 죄의식을 느껴야 마땅합니다. 각국의 군비 증강 기사, 국내의 여러 분쟁에 관한 기사를 읽을 때, 우리는 인류에게 무슨 문제가 있기에 이런 식으로 행동하는지 물어야 합니다. 주어진 사실과 상황을 보고 죄를 깨달아야 합니다.

우리는 깨닫지 못합니다! 언제나 남 탓을 할 뿐

자신을 돌아보지 못하기 때문입니다. 그것이 우리의 죄임을 실감하지 못합니다.

그러나 성경은 우리 죄를 아주 실제적으로 전달합니다. 성경은 우리에게 말을 걸고, 우리에 관한 있는 그대로의 분명한 진실을 직접적이고 개별적으로 전달합니다. 우리에게는 이 일이 필요합니다.

사람들이 기독교의 메시지를 믿지 않는 두 번째 이유는 기독교 신앙의 참된 본질을 모르기 때문입니다. 물론 이것은 비극 중의 비극입니다. 그들은 기독교 신앙이 무엇인지 안다고 생각하지만 사실은 그렇지 않습니다. 기독교 신앙에 대한 근본적으로 오해하고 있습니다.

이런 두 가지 근본적이고 원초적인 잘못과 오류가 있기에, 성경은 우리에 관한 진실과 그리스도인에 관한 진실을 계속해서 제시합니다. 이것이 성경이 너무나 놀라운 책인 이유입니다. 성경은 아주 다양한 방식으로 이 일을 합니다. 또 이것은 성경이 하나님의 책이라는 증거입니다. 성경은 이것을 직접적으로 가르친 다음 이렇게 말합니다. "이것을 받아들

일 수 없거든, 그림이나 예시, 약간의 역사를 통해 이해해 보아라." 그리고 성경은 여러 역사를 제시합니다. "저 사람을 보아라. 그가 어떻게 시작했고 어떻게 끝났는지 보아라. 이 가르침을 믿지 못하겠거든, 이 사람의 인생을 보아라. 너를 위한 진리는 그림에도, 인류 역사의 일부에도 나와 있다."

그 다음, 성경은 비유와 그림을 제시합니다. 이 모든 비유와 그림은 하나님이 크신 선함과 긍휼로 우리에게 주신 것입니다. 진리를 간단하고 직접적으로 실감나게 전하시고자 주신 것입니다.

다윗이 쓴 것이 분명한 시편 1편에서도 비유와 그림을 볼 수 있습니다. 그는 성령의 감동을 받아 그것을 기록했습니다. 다윗은 동시대 사람들에게 이 메시지를 어떻게든 전달하고 싶었습니다. 그는 이렇게 생각한 것처럼 보입니다. "자, 이 세상에는 두 종류의 사람이 있어. 경건한 사람과 불경건한 사람이지. 행복은 내가 이 두 종류 중 어떤 사람인가에 달려 있어. 어떻게 하면 이 진리를 사람들에게 실감나게 전할 수 있을까?"

그 다음 그는 첫 두 절에서 경건한 사람과 불경건한 사람의 분명한 특징 몇 가지를 전반적으로 들려줍니다. 그리고 계속 생각합니다. "좋아. 하지만 이것만으론 충분치 않아. 사람들은 눈이 멀었거든. 이것을 보지 못해. 스스로에 관한 진실을 볼 수가 없어. 경건함에 관한 진실을 깨달을 수가 없어. 이것을 어떻게 전해야 할까?"

나무인가 겨인가

다윗은 읽는 이가 이 문제의 본질, 사람에 관한 진실, 경건한 자 혹은 그리스도인에 관한 진실을 깨닫도록 돕기 위해서 예시를 사용합니다. 그는 경건한 자와 불경건한 자의 차이가 나무와 겨의 차이와 같다고 말합니다. 시냇가에 심은 나무의 이미지를 제시한 뒤 겨 더미를 이야기합니다. 그는 사실상 이렇게 말하고 있습니다. "내가 '악인의 꾀'와 '죄인의 길'과 '오만한 자의 자리'에 관해 말했는데, 이런 직접적 가르침으로 잘 이해가 안 되면 이렇게 생각해 보세요."

여러분이 인생과 삶, 행복과 평화와 기쁨에 관한 이 문제 전체에 관심이 있다면 저는 여러분에게 가장 먼저 이렇게 물어야 합니다. 아니, 사실상 이 질문만 던져야 합니다. 여러분은 무엇과 같습니까? 여러분의 인생은 무엇과 같습니까? 나무입니까, 겨 더미입니까? 이것 아니면 저것입니다. 중간은 없습니다.

경건한 사람은 "시냇가에 심은 나무가 철을 따라 열매를 맺으며 그 잎사귀가 마르지 아니함 같으니 그가 하는 모든 일이 다 형통하리로다. 악인은 그렇지 아니함이여." 악인(불경건한 자)들은 나무와 같지 않습니다. 그러면 그들은 무엇과 같습니까? 다윗은 말합니다. "그들은 바람에 나는 겨와 같도다."

자, 이것은 엄청난 일입니다. 우리는 이 세상을 한번만 살다 갑니다. 지금 우리가 어떤 종류의 사람인지 아는 것보다 더 중요한 일이 있을까요? 저는 여러분이 얼마나 오래 사셨는지에는 관심이 없습니다. 여러분의 인생은 무엇과 같습니까? 나무를 닮았습니까, 아니면 겨 더미를 닮았습니까?

이 문제를 함께 생각해 봅시다. 요컨대, 저는 다음 한해에 무슨 일이 일어날지에 개의치 않습니다. 누군가는 이렇게 말합니다. "너무 냉담하시군요!" 아닙니다. 제 말은 저의 형편과 행복을 연결짓지 않는다는 의미입니다. 제 행복이 앞으로 있을지 없을지 모를 일들에 달려 있다면 저는 전혀 행복하지 않을 것이고 앞으로도 행복할 수 없을 것입니다. 행복은 우리가 시간 속에서 변하는 장면들과 인생의 부침과 여러 상황 및 사건에 매이지 않게 하는 그 무엇입니다.

그리스도인과 비그리스도인

그러므로 이 행복보다 더 중요한 것은 없습니다. 자, 이제 이것을 살펴봅시다. 제가 이에 관해 첫 번째로 발견한 사실은 사람들이 자신에 관한 진실 또는 기독교에 관한 진실을 모른다는 것입니다. 이는 문제의 핵심입니다. 그들은 그리스도인과 비그리스도인의 차이가 심오하고 급진적임을 깨닫지 못합니다.

그들은 둘의 차이가 정도의 문제에 불과하다고 생각하는 경향이 있습니다. 그래서 이렇게 말합니다. "그리스도인들은 다른 사람들이 하는 어떤 일들을 하지 않습니다. 혹은 다른 사람들이 하지 않는 어떤 일들을 하는 사람들입니다. 그러나 본질적인 차이는 없습니다."

세상은 그리스도인과 비그리스도인 사이에는 본질적인 차이가 있다고 생각하며 반대합니다. 그들은 새해 결심을 하고, 술을 덜 마시거나 뭔가 다른 일을 하기로 다짐하고, 자기 개선을 어느 정도 이루고, 좀 더 선한 일을 하려고 마음먹는 것으로 그리스도인이 될 수 있다고 생각하곤 합니다. 약간의 변화나 적응의 문제일 뿐 스스로 그리스도인이 될 수 있다는 것이지요. 그리스도인이 되는 것을 이전 모습에 대한 수정이나 개선과 같다고 봅니다.

세상 사람들은 여기서 좀 더 나아가 생각하기도 합니다. 그리스도인들은 이전에 없던 무엇, 그리스도인이 아닌 이들에게는 여전히 없는 그 무엇을 삶에 추가한 사람들이라고 말입니다. 그러나 본질적으로는 동일한 사람이라고 봅니다. 제가 가끔 사용하는 비유를 들어보겠습니다. 저는 많은 사람들이 그리스도인과 비그리스도인의 유일한 차이점이 어떤 두 책의 차이와 같다고 생각한다는 인상을 받습니다. 두 책의 본문은 같습니다. 그럼 무엇이 다를까요?

자, 한 권에는 부록이 있고 거기에는 이 사람이 그리스도인이라고 적혀 있습니다. 그는 다른 모든 면에서는 두 번째 사람과 똑같습니다. 월요일부터 토요일 사이에 만나 보면 두 사람은 아무 차이가 없습니다. 그러나 일요일에 한 사람은 교회를 가고 한 사람은 가지 않습니다. 이 내용이 첫 번째 사람이 추가한 부록에 실려 있습니다. 이뿐입니다. 부록에는 좀 더 선한 삶을 살려고 노력한다는 것 말고는 다른 내용이 없습니다.

이것이 이 문제 전체에 대한 세상 사람들의 일반적인 생각입니다. 즉, 그리스도인과 비그리스도인의 차이는 미미하고, 한 가지 정도의 차이만 있다고 봅니다. 그러나 시편 1편이 제시하는 나무와 겨의 그림은 이 생각이 거짓임을 확실히 드러냅니다.

여기서 우리는 두 나무를 비교하는 것이 아닙니다. 떡갈나무와 낙엽송의 차이나 오래된 소나무와 유럽산 벚나무의 차이 같은 것이 아닙니다. 절대 아닙니다! 나무들을 비교하는 것이 아닙니다. 비교 대상은 나무와 겨 더미입니다. 이것은 그리스도인과 비그리스도인의 차이가 우리가 생각할 수 있는 가장 깊고 근본적이고 본질적인 차이임을 더없이 분명하게 보여 줍니다. 영어에는 "분필과 치즈만큼이나 다르다"라는 표현이 있는데, 이 차이는 그보다 더 큽니다.

시편 기자에 따르면, 사실 이 둘 사이에는 공통점이 전혀 없습니다. 여러분이 이 사실을 깨달으셨는지 모르겠습니다. 그리스도인과 비그리스도인의 차이는 행동의 문제가 아니라는 것을 알고 있었습니까? 이것은 본질의 차이이고 너무나 중요합니다. 많은 불경건한 사람도 윤리 도덕적으로 상당히 선한 삶을 살 수 있습니다. 도덕과 사회적 관습과 습관 등의 관점에서 볼 때 아주 선한 사람들이 세상에 많습니다. 그런 의미에서는 아주 선하지만 그리스도인이 아닌 사람들이 많습니다.

누군가 이렇게 묻습니다. “왜 그들이 그리스도인이 아니라고 말하는 겁니까?” 주된 이유는 그들의 본질이 그리스도인과 다르다는 데 있습니다. 성경에는 이런 내용이 가득합니다. 사람들이 서로에게 적용하는 통상적인 판단 기준으로 판단한다면, 여러분은 틀림없이 에서가 야곱보다 훨씬 괜찮은 사람, 나은 사람이라는 결론을 내리게 될 것입니다. 에서는 소위 ‘호감이 가는 사람’으로 보입니다. 인품도 더 훌륭했던 것 같습니다. 하지만 성경은 하나님께 사랑받은 사람이 야곱이었다고 말합니다. 왜일까요?

하나님은 겉모습으로 판단하시지 않기 때문입니다. 하나님은 마음으로 판단하십니다. 하나님은 외면이 아닌 내면, 곧 그가 어떤 사람인가에 관심을 가지십니다.

지위는 금화에 새겨진 문양일 뿐이고
사람이 바로 그 금이다.

스코틀랜드의 시인 로버트 번스Robert Burns의 이 시구에 담긴 메시지를 훨씬 고차원적이고 영적인 의미에서 적용해 봅시다. 사람이 만들어 내는 겉모습이나 껍데기가 중요한 것이 아니라 그의 존재 깊은 곳, 핵심에 자리 잡은 모습이 어떠한가, 그의 본질이 무엇인가, 어떤 사람인가가 중요하다는 말이 될 것입니다.

시편 1편의 이 대목에 실린 비유는 이것을 너무나 멋들어지게 드러냈습니다. 여러분은 나무입니까? 아니면 겨 더미입니까, 즉, 제가 이제 보여 드릴 특징 없는 입자들의 무더기입니까? 이제 제가 설명한 내용이 정말 맞는지 신약성경으로 가서 살펴봅시다.

차이를 위한 용어들

신약성경은 그리스도인과 비그리스도인의 차이를 보여 주기 위해 다음과 같은 용어들을 사용합니다. 먼저, 신약성경은 그리스도인이 '거듭난' 사람이라고 말합니다. 여기에는 동일하게 급진적 주장이 있습니다. 우리 주님은 니고데모에게 이렇게 말씀하십니다. "네가 그리스도인이 되려면 먼저 거듭나야 한다."

니고데모는 그것이 자신이 가진 것에다 뭔가를 추가하는 일이라고 생각한 것이 분명합니다. 우리 주님을 찾아와 면담을 요청했던 그는 이렇게 물었습니다. "선생님, 저는 당신을 지켜보고 당신의 말씀을 주의 깊게 들었습니다. 제가 이스라엘의 선생이긴 하지만, 당신은 저보다 훨씬 앞선 분이십니다. 제가 무슨 일을 더하면 될까요?"

우리 주님은 말씀하십니다. "예수께서 대답하여 이르시되 진실로 진실로 네게 이르노니 사람이 거듭나지 아니하면 하나님의 나라를 볼 수 없느니라"(요 3:3).

다시 태어날 필요가 있습니다. 이것은 신약성경의 용어입니다. 우리에게 필요한 것은 중생, 즉 새롭게 만들어지는 일입니다. 아무것도 없던 곳에 생성의 행위가 반드시 필요합니다. 출생으로 이어지는 모종의 잉태가 있어야 합니다. 여기에 미치지 못하는 행위로는 안 됩니다.

다른 용어들도 봅시다. 신약성경은 새 창조에 관해 이야기합니다. 사도 바울은 이렇게 말합니다. "누구든지 그리스도 안에 있으면 새로운 피조물이라"(고후 5:17).

이전보다 조금 더 나아진 정도가 아닙니다. 그리스도인이 아닌 사람과 살짝 다른 정도가 아닙니다. 신자는 새로운 피조물, 새로운 창조물입니다. 창조주 하나님이 신자 안에 이전에 없던 새로운 뭔가를 창조하셨습니다.

신약성경은 그리스도인과 비그리스도인의 차이를 이런 식으로 표현합니다. 다윗은 그것을 친숙한 그림으로 제시하지만, 그는 이 진리 전체를 제대로 이해했습니다. 그렇지 않습니까? 신약성경의 가르침은 이 진리를 명쾌하게 제시합니다만 내용 자체는 다윗의 그림과 정확히 동일합니다.

신약성경의 그림 한 가지를 더 살펴봅시다. 바울은 에베소 교인들에게 이것이 생사를 가르는 차이라고 말합니다. "그는 허물과 죄로 죽었던 너희를 살리셨도다"(엡 2:1). 죽음과 생명, 이 두 가지는 대비됩니다. 이것이 시편 1편에서는 시냇가에서 자라는 나무와 그냥 겨 더미의 대비로 제시됩니다.

비유로 드러난 차이 。

자, 그리스도인과 비그리스도인의 차이가 아주 심오함을 확인했으니, 이제 이 차이의 세부 내용을 설명하고자 합니다.

저는 여러분이 행복하기를 바랍니다. 저는 여러분이 복 받기를 원합니다. 감사하게도 저는 여러분을 복 받은 사람으로 만들어 줄 메시지를 갖고 있습니다. 제가 직접 뭘 하는 것은 아닙니다. 저는 대변자일 뿐입니다. 다윗이 이 멋진 그림을 통해 제시하는 것을 성령께서 허락하시는 만큼 여러분에게 보여 드리고 싶습니다.

여러분의 삶이 겨에 불과하다면 여러분은 결코 행복하지 못할 것입니다. 참으로, 여러분이 그런 상태로 이 세상을 떠나게 된다면 영원히 비참할 것입니다. 자신에 대한 진실을 아는 것보다 더 중요한 일은 없습니다. 그러므로 이 비유로 드러나는 차이에 귀를 기울이십시오.

쭉정이에 불과하다 .

불경건한 자는 겨 더미와 같습니다. 경건한 사람은 나무와 같습니다. 그렇다면 둘의 차이는 무엇입니까?

첫째, 불경건한 자는 잔존물, 남은 것에 불과합니다. 폐허와 잔해일 뿐입니다. 겨가 무엇입니까? 알곡을 빼내고 남는 것입니다. 알곡은 낟알이고, 그것을 둘러싼 것이 껍데기, 곧 쭉정이입니다. 탈곡이나 키질의 과정에서 먹을 것, 생명, 가치와 힘을 주는 알곡이 나오고 나면 겨, 곧 찌꺼기가 남습니다.

그래서 다윗은 불경건한 사람, 그리스도인이 아닌 사람은 쭉정이에 불과하다고 말합니다. 그런 사람은 껍질에 불과합니다. 필수적이고 가치 있는 것이 모두 빠지고 난 뒤에 남은 것입니다. 이것은 아주 멋진 그림입니다. 성경의 위대한 교리적 진술은 모두 이런 방식으로 표현됩니다. 이 그림에 대해 성경은 이렇게 말하고 있습니다. "죄에 빠진 인간의 실상이 무엇인가? 사람들은 왜 복을 받지 못하는가? 왜 행복하지 못한가? 답은 인간이 타락했다는 데 있다. 타락한 인간은 영혼을 잃어버렸다. 생명을 잃어버렸다. 허물과 죄 가운데 죽었다. 쭉정이에 불과하고 낟알은 사라졌다. 외피, 바깥 껍질에 불과하다. 그 자체의 모든 가치가 사라졌다."

자, 이것이 의미하는 바는 본성적 인간, 이 세상에 태어난 모습 그대로의 인간은 진짜 인간이 아니라는 것입니다. 하나님이 처음에 창조하신 인간의 가장 위대한 부분, 가장 고귀한 부분이 사라졌습니다. 여러분은 하나님이 사람을 지금 이 세상에서의 모습으로 만드셨다고 생각하십니까? 지금의 모습이 하나님의 작품일까요? 저 가련하고 무력한 주정뱅이를 보십시오. 다른 죄에 빠진 저 가엾은 사람을 보십시오. 구두쇠를 보십시오. 저 야심만만한 사람을 보십시오. 하나님이 그런 모습들을 창조하셨을까요?

물론 그렇지 않습니다! 하나님은 사람을 그런 모습으로 창조하지 않으셨습니다. 쭉정이, 찌꺼기, 겨일뿐입니다. 필수적인 것이 그 안에 없습니다. 사라졌습니다. 영혼을 잃어버렸습니다. 그래서 하나님의 아들이 이 세상에 계셨을 때 이렇게 말씀하셨지요. “인자는 잃은 것을 찾아 구원하러 왔다”(눅 19:10, 새번역).

귀중한 알곡이 무엇입니까? 하나님이 처음 인간을 창조하셨을 때 그분의 형상을 따라 지으셨습니다. 하지만 우리는 그 형상을 잃어버렸습니다. 하나님은 자신을 위해 남자와 여자를 만드셨습니다. 인간은 하나님의 형상과 모양대로 만들어졌습니다. 그것이 인간과 하나님의 관계였습니다. 인간은 하나님의 동반자로 지어졌습니다. 인간은 하나님과 닮았습니다. 고결하게 만들어졌고 하나님의 의와 같은 원의(原義)를 받았습니다. 인간은 하나님을 즐거워했고 하나님과의 사귐과 교제를 기뻐했습니다. 그들에게는 영적 기능이 있었습니다. 하나님과 교통할 때 가장 행복했습니다. 하나님의 말씀과 그분의 일들이 인간의 가장 큰 기쁨이었습니다.

그러나 인간은 타락했습니다. 이제 예전과 같지 않습니다. 이것이 바로 인간에게 일어난 일입니다. 본래의 선함은 어디 있습니까? 하나님을 즐거워하는 모습은 어디 있습니까? 영적 기능은 어디 있습니까? 여러분께 묻겠습니다. 그것이 여러분 안에 있습니까, 아니면 잃어버렸습니까? 겨, 바깥 껍질, 외피 빼고는 아무것도 남지 않았습니까?

타락의 결과로 죄에 빠진 사람들

시편 1편의 이 구절에서 다윗이 말하는 내용은 성경 전체의 메시지입니다. 타락의 결과로 죄에 빠진 사람들을 바라볼 때 여러분의 눈에 들어오는 것은 껍질에 불과하고, 정신적 생명을 담은 육신, 곧 몸에 불과합니다. 그것이 오늘날의 사람들이 살아가는 삶의 정체입니다. 영적 삶이 아니라 정신적 삶입니다.

일부 과학자들은 인간이 동물에 불과하다고 말합

니다. 죄에 빠진 사람을 보면 먹고 마시고 성에 탐닉하기 위해 사는 동물 말고는 아무것도 떠오르지 않습니다. 제 눈에는 그런 사람과 동물 사이에 별다른 차이가 보이지 않습니다! 사람들이 살아가는 방식을 보면 농장 안마당이 떠오릅니다. 때로는 정글이 떠오르기도 합니다.

이는 진정한 인간의 삶이 아닙니다. 하나님으로부터 나온 위대한 것이 상실되었고 사라졌습니다. 남은 것은 폐허뿐입니다. 어느 찬송가 작가도 기도하지 않았습니까. "내 영혼의 폐허를 보수하소서."

300년 전에 살았던 옛 청교도는 타락과 죄의 결과로 인간이 시골에서 가끔 볼 수 있는 여러 낡은 성이나 대저택처럼 되었다는 말을 했습니다. 도로 옆에 담쟁이덩굴과 이끼로 온통 뒤덮인 폐허, 누가 봐도 폐허가 분명한 집이 보입니다. 가까이 가서 살펴보니 명판이 붙어 있습니다. "아무개가 한때 여기 살았다." 그곳은 어느 높은 귀족의 선조가 살았던 집입니다. 지금은 폐허더미에 불과하고 아이들이 그 안에서 놉니다. 벽들은 쓰러졌고 쐐기풀과 가시나무가

곳곳에 자라납니다. 하지만 명판에는 "아무개가 한 때 여기 살았다"고 적혀 있습니다. 옛 청교도는 이것이 인간의 현재 상황이라고 말합니다. 인간은 "하나님이 한때 여기 사셨다"는 푯말이 걸린 폐허에 불과합니다.

하나님의 형상이 한때 여기 있었습니다. 옛 저택이 과거 웅장한 건물이었던 것처럼, 인간은 고귀한 피조물이었습니다. 그러나 여러분이 지금 보는 인간은 옛 모습이 아니라 폐허입니다. 죄와 타락의 결과로 생겨난 모습입니다. 그는 잔재에 불과합니다. 겨! 알곡 없는, 낟알 없는, 근원 없는, 생명 없는 겨입니다. 하나님이 한때 여기에 사셨습니다.

저는 그리스도인이 아닌 모든 사람이 자신의 모습을 있는 그대로 보기를 원합니다. 자신에게 그리스도가 필요함을 깨닫기 전까지는 그리스도를 믿지 않을 것이기 때문입니다. 자신이 폐허임을 알아보기 전에는 그리스도를 믿지 않을 것입니다. 자신이 겨, 잔여물, 폐허에 불과함을 알아보기 전에는 그리스도를 바라보거나 복음을 믿지 않을 것입니다.

그러나 그리스도인은 나무입니다. 나무는 생명체가 아닙니까? 나무는 그냥 남은 부분이 아닙니다. 나무에는 온전함이 있습니다. 이것이 경건한 자와 불경건한 자의 본질적인 차이입니다.

형태가 없다.

겨의 두 번째 특성은 어떤 형태도 없다는 것입니다. 그것은 겉껍질, 부스러기, 대팻밥, 말하자면 쭉정이 더미일 뿐입니다. 쭉정이 더미, 무더기는 지금은 이런 모양으로 쌓여 있지만 5분 후에는 달라질 것입니다. 바람이 불면 약간 움직이겠지요. 그러면 모양 없는 덩어리가 됩니다.

시편 기자는 이것이 불경건한 자의 모습이라고 말합니다. 죄 가운데 있는 사람은 진실을 잃어버렸습니다. 그들을 규정하는 일은 매우 어렵습니다. 그들의 삶에는 규칙이 없습니다. 그들은 언제나 변합니다. 무엇을 믿는지 알 수 없습니다. 그들이 무엇을 할지 절대로 예측할 수 없습니다. 왜 그럴까요? 그들의 삶에 정해진 형태가 없기 때문입니다. 그들을 다스리는 원리가 없으니 그들을 규정하기가 어려운 것입니다.

경건하거나, 경건하지 않거나

성경은 우리가 경건하거나 경건하지 않거나 둘 중 하나라고 말합니다. 불경건한 자들을 보십시오. 위대한 철학자부터 생각을 전혀 하지 않는 사람까지, 대단히 존경받는 사람부터 부도덕한 죄인까지 보십시오. 모두가 경건하지 못합니다. 참으로 형태 없는 덩어리입니다. 조리가 없고 원리도 없습니다. 그들을 제대로 규정할 수가 없습니다. 그들은 부스러기 덩어리로 그냥 있습니다. 형태도, 아름다움도, 대칭도 없습니다.

그러나 잠시 나무를 보십시오. 얼마나 다릅니까! 이것이 경건한 사람입니다. 그는 나무와 같습니다. 나무는 형태가 있고, 줄기와 가지가 있습니다. 나무의 대칭을 보셨습니까? 나무보다 더 아름다운 것은 없습니다. 저는 꽃보다 나무가 훨씬 더 아름답다고 생각하는 사람 중 한 명입니다.

나무의 균형과 그 주된 특성인 일관성을 보십시오. 이것이 경건한 사람에 관한 진실입니다. 그는 규정할 수 없는 존재가 아닙니다. 그리스도인은 자신에 대해 막연하게 좋은 느낌을 가지고 있으며 이따금씩 좋은 일을 하고 싶어하는 사람이 아닙니다. 그것은 기독교가 아닙니다! 기독교는 좋은 기분과 느낌의 형태 없는 더미가 아닙니다. 기독교는 규정할 수 있으며 쉽게 알아볼 수 있습니다.

그리스도인 남녀의 삶에는 균형이 있습니다. 교리와 실천이 있습니다. 이해와 합당한 감정이 있습니다. 이것이 경건한 사람, 그리스도 안에 있는 사람, 영적인 것들과 보이지 않는 것들의 영역에 속한 사람들의 큰 특징입니다.

여러분의 삶은 어떠합니까? 일정한 모양이 있습니까? 일관성이 있습니까? 균형이 있습니까? 아름다움이 있습니까? 몇 가지 간단한 질문을 생각해 보십시오. '내 삶은 어떠한가?' '이 문제에 대해 말할 수 있는가?' '내 삶을 설명할 수 있는가, 아닌가?' 이것 아니면 저것입니다. 중간은 없습니다.

뿌리가 없다 。

나무와 겨 더미의 세 번째 두드러진 차이점은 뿌리입니다. 나무에는 뿌리가 있고 겨 더미에는 뿌리가 없습니다. 보십시오. 누군가 빗자루로 겨 더미를 쓸어 모아 놓았습니다. 그것은 바닥에 놓여 있습니다. 어디에도 붙어 있지 않고 하나하나가 다 움직입니다. 입바람으로 불어 보십시오. 움직일 것입니다. 시편 기자는 겨에 바람이 불면 사라져 버린다고 말합니다.

"바람에 나는 겨." 나무는 뿌리가 있기 때문에 바람에 흩날리지 않습니다. 이것은 중요한 점입니다. 불경건한 사람, 그리스도인이 아닌 사람의 비극은 뿌리가 없다는 점입니다. 기초가 없는 사람이라고 표현할 수도 있겠습니다. 그는 피상적인 인생입니다. 모든 것이 표면에 머뭅니다. 물론, 이것도 매력적으로 보이게 만들 수는 있습니다. 예술가는 겨 더미를 가지고도 뭔가를 할 수 있습니다. 그러나 여전히 모든 것이 표면에 머물고 무게가 전혀 없는 삶입니다. 여기에는 어떤 고정된 원리가 없습니다. 확립된 것이 전혀 없습니다.

여러분이 삶에 대해서 아는 것은 무엇입니까? 죽음에 대해서는 무엇을 아십니까? 미래에 벌어질 가능성이 있는 일들을 어떻게 맞이하십니까? 이것들은 중요한 질문입니다. 그리고 불경건한 사람은 뿌리가 없습니다. 그들은 전적으로 불안정합니다. 무슨 일이 일어날지 모르고, 일이 벌어지면 어떻게 해야 할지 모릅니다. '변화의 바람'에 휘둘릴 수 있습니다. 모든 것에 지배를 받습니다. 모든 일이 상황에 달려 있습니다.

대도시에는 이런 남녀가 수천 명에 달합니다. 오늘밤에도 남편의 귀가를 기다리는 가엾은 아내가 많습니다. 그들이 할 수 있는 말은 이것뿐입니다. "그이가 누군가를 만나지 않는다면 지금쯤 귀가할 거예요. 만약 누군가를 만난다면 남편이 언제 귀가할지 모르겠네요.” 그는 뿌리가 없습니다. 표면에서만 살아갑니다. 바람이 부는지 안 부는지, 누구를 만나는지, 어떤 일이 벌어지는지에 따라 모든 것이 달라집니다. 이런 것들이 그 삶을 결정합니다.

아, 이 불경건한 인생은 불안정합니다. 늘 변합니다. 이런 사람들은 견해를 바꾸고, 추종 집단을 바꾸고, 종교를 바꿉니다. 바울은 아테네에서 스토아학파와 에피쿠로스학파 사람들을 만났습니다. 성경에 따르면, 1세기의 최고 지성인들은 “가장 새로운 것을 말하고 듣는 것 외에는 달리 시간을 쓰지 않”(행 17:21)았습니다.

하나님을 모르는 똑똑한 사람들은 지금도 여전히 이런 일을 합니다. 그들은 말합니다. “이거 들어봤어요? 최신 이론을 들어봤어요?” 뭔가 새로운 집단, 새로운 치료법, 새로운 사상이 나오면 그것을 좇아갑니다. 그러다 여의치 않으면 다른 것을 시도합니다. 언제나 새로운 것을 말하고 듣는 일에 시간을 사용합니다. 뿌리가 없고 삶에 어떤 기초도 없습니다. 겨와 같습니다.

그러나 그리스도인, 경건한 남녀는 전혀 다릅니다. 그들은 "여호와의 율법을 즐거워하고" 밤낮으로 묵상합니다. 신약성경은 그들이 "그 안에 뿌리를 박으며 세움을 받아 …… 믿음에 굳게 〔섰다〕"(골 2:7)라고 말합니다. 이것은 지금과 같은 때에 강조할 필요가 있습니다. 그리스도인들은 그냥 괜찮은 사람들이 아닙니다. 그냥 착한 사람들이 아닙니다. 그냥 즐겁고 행복한 감정을 느끼는 사람들이 아닙니다. 그리스도인들은 자신이 무엇을 믿고 누구를 믿는지 알고 있습니다.

이 말을 해야만 하는 상황이 슬프지만, 텔레비전 인터뷰나 다른 어느 곳에서 누군가 그리스도인은 그리스도의 윤리적 가르침을 인정하고 그것을 따르기 위해 최선을 다하는 사람이라고 말한다면, 그는 기독교를 전혀 모르는 사람입니다. 그리스도인들은 일련의 교리를 믿습니다. 그들은 뿌리가 있는 나무와 같습니다. 나무는 뭔가에 붙들려 있습니다. 뭔가에 고정되어 있습니다. 뿌리로 뭔가를 잡고 있습니다.

그래서 바람에 쉽게 날아가지 않습니다. 그리고 그 일련의 교리는 하나님을 믿는 것에 그치지 않습니다. 물론, 그것조차도 믿을 필요가 없다고 말하는 사람들이 있습니다. 그들의 말대로라면 천국에서 무신론자를 만나기를 기대할 수 있겠지요.

우리가 어떤 지경에 이른 것입니까? 이 세상에서 자유롭게 무엇이든 믿거나 믿지 않아도 천국에 갈 수 있다는 말은 허튼소리입니다. 그것은 겨가 나무가 된다는 말이요, 둘 사이에 아무 차이점도 없다는 말입니다. 그것은 거짓말입니다! 사실이 아닙니다. 나무는 뿌리가 있고 뿌리는 고정되어 있습니다.

기독교 신앙은 무엇인가

기독교 신앙이 무엇입니까? 하나님의 아들에 대한 신앙이요, 나사렛 예수가 독생하신 하나님의 아들이라고 말하는 신앙입니다. 그분은 처녀에게서 나셨고, 그것은 기적적인 출생이었습니다. 예수께는 인간 아버지가 없었습니다. 성령께서 마리아에게 임하셨고 예수께서는 "성령으로 잉태"되셨습니다. 기독교는 예수께서 기적과 가르침으로 그 사실을 입증하셨다고 말합니다. 그분이 갈보리 십자가를 향해 일부러 가셨다고 말합니다. 그분이 우리를 구원할 수 있는 유일한 길이었기 때문입니다. 그분이 우리 대신 죄를 지셨고 그에 대한 형벌을 받으셨으며 우리 죄책을 짊어지셨습니다. 하나님은 예수 안에서 그 죄책을 처리하셨고 우리 대신 예수님을 벌하셨고 그로 인해 우리에게 값없이 죄 사함을 주셨습니다. 신자의 믿음이란 사람이 그리스도인이 되는 것은 선한 삶이나 선행의 결과가 아니라 그리스도께서 사람을 위해 죽었다가 다시 살아나시고 하나님이 그리스도의 의를 사람에게 입혀 주셨기 때문임을 믿는 것입니다.

이것이 그리스도인들이 믿는 바입니다. 그리스도인은 부활을 믿습니다. 그렇습니다! 문자적, 물리적인 몸의 부활을 믿습니다. 인격이신 성령을 믿고 하나님이 오순절에 교회에 성령을 보내셨음을 믿습니다. 그리스도인의 뿌리는 이런 내용을 붙듭니다. 그들의 뿌리가 여기에 얽혀 있고, 여기에서 다른 모든 것이 나옵니다. 그리스도인에게는 뿌리가 있고, 겨에는 아무것도 없습니다. 겨는 자신이 무엇을 믿는지 모릅니다. 자기가 어디에 있는지 모르기에 변합니다. 그렇기 때문에 언제나 불안정합니다. 그러나 아시다시피, 그리스도인은 전혀 다릅니다. 베드로는 이렇게 말합니다. "너희 속에 있는 소망에 관한 이유를 묻는 자에게는 대답할 것을 항상 준비하〔라〕"(벧전 3:15).

우리는 죽어가는 세상에서 살고 있습니다. 저는 위험을 감수할 수 없습니다. 설교자라는 저의 청지기 직무에 대해 하나님 앞에서 해명해야 합니다. 여러분의 영혼에 대해 질문을 받을지도 모릅니다. 제가 여러분에게 기독교 신앙을 단순하고 선명하게 전달했느냐고 말입니다. 그러니 여러분에게 묻겠습니다. 여러분은 자신이 나무와 같고 겨에 속하지 않는다고 말할 수 있나요?

좋습니다. 그러면 묻겠습니다. 제가 지금까지 여러분 앞에 제시했던 것들을 믿으십니까? 그 내용을 믿지 않는 한 여러분은 그리스도인이 아니라는 것을 믿으십니까? 여러분이 아무리 좋은 사람이고 여러분의 철학이 아무리 멋져도, 기독교 신앙의 필수불가결한 핵심, 더 이상 줄일 수 없는 최소치를 믿지 않으면 여러분은 겨입니다. 겨에 불과합니다. 불경건한 자들은 뿌리가 없으나 나무는 뿌리가 있습니다.

생명의 유무로 결정되다

여러분이 숙고해 보고 직접 헤아려 보라고 말씀드리고 싶은 또 다른 요점은 겨 더미와 나무의 차이가 생명의 유무라는 점입니다. 겨 더미에는 생명이 없고 거기서는 아무것도 자라지 않을 것입니다. 땅바닥에 천년 동안 내버려 두어도 아무것도 더해지지 않을 것입니다. 왜일까요? 생명이 없기 때문입니다. 그러나 나무는 다릅니다! 자, 나무에 대해 중요한 사실은 생명이 있다는 것과 자랄 수 있다는 것입니다. 겨는 그렇지 않습니다. 겨는 처음이나 끝이나 똑같습니다. 아니, 이 말은 사실이 아닙니다. 겨는 시간이

지날수록 상태가 더 나빠집니다! 많은 먼지와 진흙이 겨에 달라 붙고 일부는 바람에 이리저리 날립니다. 온갖 것들이 달라 붙지만 개선되지 않습니다. 나아지는 법이 없습니다.

그런데 성경은 죄에 빠진 사람들에 대해 같은 말을 합니다. 그들이 무슨 일을 하는지는 중요하지 않습니다. 그들은 나아지지 않고 아무것도 더해지지 않습니다. 자라지 않고 발전하지 않습니다. 여러분은 이렇게 되물을 수 있습니다. "하지만 과학이나 음악이나 예술은요?" 분명히 말씀드리지만, 그리스도 안에 있는 하나님의 진리를 알지 못하면 처음 있던 그 자리에서 끝내 벗어나지 못할 것입니다. 아닙니다! 오히려 처음보다 훨씬 못한 상태가 될 것입니다.

지혜로운 솔로몬은 전도서에 이렇게 썼습니다. "헛되고 헛되니 모든 것이 헛되도다"(전 1:2). 뿐만 아니라 유명한 시인들도 그렇게 말합니다. 영국의 위대한 시인들은 향수를 품고 자신의 인생을 돌아보았습니다. 그들은 이렇게 말합니다. "내가 아직도 옛날의 그 사람이었으면!" 다음은 워즈워스Wordsworth의 시입니다.

우리의 출생은 잠이요 망각이다.
어딘가에 있던 우리의 생명의 별, 영혼이
우리와 함께 솟아오르고
멀리서 나타난다.
우리는 완전한 망각의 상태,
완전히 발가벗은 상태가 아니라
영광의 구름에 희미하게 둘러싸여
우리의 본향인 하나님을 떠나온다.
유년기에는 우리 주위로 천국이 흩어져 있다!
자라나는 소년기가 되면 감옥의 그늘이
드리우기 시작한다.
그러나 그는 빛을 바라보고
그것이 흘러나오는 지점을 본다.
기뻐하며 그것을 본다.
동쪽에서 날마다 더욱 멀어지는 여행을 해야 하는
젊은 시절의 그는 아직 자연의 사제이며
여행길 가운데서도 찬란한

환상의 보살핌을 받는다.

마침내 성인이 된 그는

그 환상이 서서히 약해지다가

일상의 빛 속으로 희미하게 사라지는 것을

인식한다.

그 꿈은 어디 있습니까? 황홀경은 어디 있습니까? 헨리 프랜시스 라이트Henry Francis Lyte는 "주위에는 온통 변하고 부패하는 것들만 가득하다"(새찬송가 481장 3절 후반부 가사 "이 천지 만물 모두 변하나"를 새로 옮김-역주)고 말합니다. 그러니까 이 위대한 시인들은 인생에 관해 쓰면서 성경의 가르침을 지지하고 있는 것입니다.

방대한 지식과 학식, 그것이 여러분을 어디로 향하게 합니까? 그것이 사는 데 정말 도움이 됩니까? 여러분이 강해지는 데 정말 도움이 됩니까? 여러분이 죽는 데 정말 도움이 됩니까? 영원에 한줄기 빛이라도 비춰 줍니까? 죽어가는 위인들을 보십시오. 그들이 죽기 전부터 부패하는 모습을 잘 보십시오. 그들은 비참함과 긍휼의 대상이고, 우리는 이런 말을 하고 싶은 생각이 듭니다. "그가 차마 바라볼 수 없을 정도로 슬퍼하기 전에 죽지 못하는 것이 안타깝구나." 그들은 겨입니다!

그러나 우리는 나무에 대해선 그렇게 말하지 않습니다. 그렇지요? 그래요. 상황이 전혀 다릅니다. 나무 안에는 생명이 있습니다.

성장, 그리스도인의 가장 영광스러운 특징

신약성경에는 그리스도 안에서 아기로 시작하는 사람들에 대한 대목이 있습니다. 이들에게는 겨와 다른 점이 있습니다. 아시다시피, 겨는 자라고 발달할 수 없습니다. 그러나 아기는 말도 못하고 이성적 사고도 못하지만 그 안에 생명이 있습니다. 아기는 성장하고 발달할 수 있고 실제로 그렇게 합니다.

요한은 첫 번째 서신에서 아이와 청년과 노인에게 각각 말합니다. 그들은 발달과 성장에 차이가 있습니다. 나무에는 항상 성장의 가능성이 있습니다. 저는 이것이 그리스도인의 삶에서 가장 영광스러운 특징들 중 하나라고 생각합니다. 그 안에서 살아갈수록 더욱 전율하게 됩니다.

사도 바울은 이 강력한 서신들에서 토머스 칼라일Thomas Carlyle이 "무한의 막대함"이라 부른 하나님의 진리를 다룹니다. 우리는 바울이 가진 지식의 방대함을 느낍니다. 바울은 "모든 성도와 함께 여러분이 그리스도의 사랑의 너비와 길이와 높이와 깊이가 어떠한지를 깨달을 수 있게 되고, 지식을 초월하는 그리스도의 사랑을 알게 되기를"(엡 3:18-19, 새번역) 빈다고 말합니다. 이것이 무엇입니까?

결코 물이 빠지지 않는 바다입니다. 그리스도인은 그 바다 멀리까지 계속해서 나아가고, 그 깊은 곳, 하나님의 깊은 것들로 끝없이 들어갑니다. 그리스도인은 지식에서 자라고 은혜에서 자랍니다. 발전과 진보의 무한하고 영원한 가능성이 펼쳐집니다. 나무와 겨의 차이가 얼마나 큰지요! 그것은 생명과 죽음의 차이입니다. 가만히 있고 움직이지 않고 생명이 없는 것과 생명으로 가득한 것의 차이입니다.

열매가 없다 。

제가 마지막으로 꼭 언급해야 하는 것은 열매입니다. 겨에서는 어떤 열매도 나오지 않습니다. 겨는 언제나 쓸모없습니다. 불경건한 삶은 이런 겨와 같습니다. 겨는 누구에게도 만족을 주지 못합니다. 사도 바울은 로마 교인들에게 그들이 한때 죄인이었고 죄의 노예였음을 상기시키며 엄청난 질문을 던집니다. 저는 그 질문을 모든 사람에게 하고 싶습니다. "너희가 죄의 종이 되었을 때에는 의에 대하여 자유로웠느니라."

의가 전혀 없었습니다. 그 다음에 질문이 나옵니다. "너희가 그때에 무슨 열매를 얻었느냐 이제는 너희가 그 일을 부끄러워하나니 이는 그 마지막이 사망임이라"(롬 6:21). 바울은 사실상 이렇게 말합니다. "말해 보십시오. 여러분이 그런 일을 할 때 진짜 열매가 있었습니까? 그런 일들이 진정한 만족을 주던가요? 진정한 기쁨을 주던가요? 참되고 정결한 행복을 주던가요? 지금은 여러분이 그 일을 부끄러워하는 줄 압니다만, 그때 그 일들이 조금이라도 진정한 만족을 주던가요? 그 안에 있는 것은 죽음입니다."

참으로 옳은 말입니다! 죄의 삶은 어떤 만족도 결코 주지 못합니다. 그런 삶이 만족을 줄 것이라고 잠깐 생각하기도 하고 만족을 얻었다는 느낌이 들기도 하지만 금세 사라집니다. 곱씹을 것도, 남는 것도, 반추할 것도 없습니다. 진정한 가치가 없습니다.

음욕이 무엇을 줍니까? 탐욕이나 야망이 무엇을 줍니까? 그런 것들은 결코 채워지지 않습니다. 야심만만한 사람은 만족을 모릅니다. 언제나 더 원하고 다른 누군가가 뒤에서 덮쳐 지위를 빼앗길까 봐 늘 전전긍긍합니다. 평화가 없고 기쁨이 없습니다. 진정한 행복이 없습니다. 그것은 겨입니다.

"나는 죽은 인생의 영광을 땅에 묻었다." 조지 매더슨George Matheson이 말했습니다. 그는 자신에 관한 진실을 알고 그것이 겨의 삶이었음을 깨달았습니다. 이제 여러분에게 마지막 질문을 드립니다. 여러분의 삶의 본질, 특성은 무엇입니까? 겨입니까, 아니면 나무입니까? 이것이 바로 성경이 우리에게 말하는 바입니다. “모든 육체는 풀과 같고 그 모든 영광은 풀의 꽃과 같으니.” 여호와의 바람이 그 위에 부니 “풀은 마르고 꽃은 떨어지되”(벧전 1:24). 바로 이것입니다! 인간의 모든 영광은 떨어집니다.

성대한 의식, 화려한 권력,
그 모든 아름다움,
부가 이제껏 만들어 낸 모든 것이
피할 수 없는 시간을 똑같이 기다린다.
영광의 길의 끝에는 다만 무덤이 있을 뿐.
– 토머스 그레이Thomas Gray

이 세상을 이겨 내고 많은 것을 이루었다고 생각했던 이들이 끝에 가서 자신이 겨 더미에 불과함을 깨닫습니다. 일요일자 신문을 집어 들고 추잡한 법정 보도를 끝도 없이 읽는 사람들, 마시고 도박하고 갖가지 것에 탐닉하기 위해 사는 사람들을 생각해 보십시오. 그들이 무엇을 얻었습니까? 어떤 삶을 얻었습니까? 결국 무엇을 얻게 됩니까? 찌꺼기, 쭉정이에 불과합니다. 이것이 불경건한 자들의 삶입니다. 이 세상의 번쩍이는 보상들은 겨에 불과합니다. 혼과 영의 양식이 없습니다. 진정한 기쁨도 영구적 평화도 금은보화도 줄 수 없습니다. 사람들은 거품을 쫓고 있고, 그들이 거품을 만지는 순간 손에서 터져 아무것도 남지 않습니다. 겨 더미 외에는 아무것도 없습니다. 난알, 생명, 알곡은 사라졌습니다. 잔여물, 폐허 외에는 남은 것이 없습니다.

이것이 하나님 없이 사는 사람의 실상입니다. 그러나 상기시켜 드린 대로, 하나님의 아들이 "잃은 것을 찾아 구원하"기 위해 오셨습니다. 그러니 만약 여러분의 삶에 찌꺼기와 쭉정이 말고는 남은 것이 없음을 발견한다면, 하나님이 원래 만드신 사람의 모습이 전혀 없다면, 하나님께 부르짖으며 그 상태를 고백하십시오. 그것을 인정하십시오. 자신을 변호하려 들지 마십시오. "저는 아무것도 아닙니다. 저를 새롭게 창조하소서"라고 말하십시오. 그러면 하나님이 그렇게 해 주실 것입니다.

하나님은 영혼의 찌꺼기, 폐허를 구원하시고자

그분의 아들을 이 세상에 보내셨습니다. 그분은 우리를 구원할 충분한 능력을 가지고 계십니다. 하나님의 뜻과 달리 나무가 되지 못하고 겨로 살아가는 우리 죄로 인한 죄책과 형벌을 하나님의 아들이 대신 짊어지셨습니다. 그분은 여러분을 위해 죽으셨습니다. 여러분은 복된 성령을 통해 생명을 주시고 새롭게 창조하시는 하나님의 능력을 알게 될 것입니다.

3

시냇가에 심은 나무가 되어

영원히 마르지 않는 인생의 복

◎

[3] 그는 시냇가에 심은 나무가
철을 따라 열매를 맺으며
그 잎사귀가 마르지 아니함 같으니
그가 하는 모든 일이
다 형통하리로다.

[4] 악인(불경건한 자)들은 그렇지 아니함이여
오직 바람에 나는 겨와 같도다.

시편 1편 3-4절

▲

2장에서 우리는 불경건한 자에 대한 시편 기자의 그림을 살펴보았습니다. 이제는 긍정적인 면을 살펴봅시다. 시인에 따르면 그리스도인들은 겨와 전혀 다릅니다. 우리는 나무의 형태, 뿌리, 우아함에 대해 생각해 보았고, 나무는 생명이 있고 자라고 발달할 수 있으며 열매를 맺을 수 있다는 사실을 숙고했습니다. 이제 더 나아가 시편 기자가 여기서 자세히 말하는 내용을 설명하고자 합니다.

시인은 경건한 사람, 곧 하나님과 올바른 관계에 있는 사람, 곧 참 그리스도인이며 복 받은 사람을 "시냇가에 심은 나무"와 같다고 말합니다. 이 얼마나 선명한 대조입니까! 이 말을 들으면 '어떻게 이 나무처럼 되는 걸까?'라는 질문이 떠올라야 합니다. 이런 식이 되겠지요. "둘의 비교는 잘 알겠습니다. 겨와 나무 사이에 공통점이 전혀 없고 비그리스도인과 그리스도인이 완전히 다른 존재라는 논지는 잘 알겠습니다. 그럼, 어떻게 하면 그리스도인이 될 수 있습니까? 다른 삶의 무용함은 알겠습니다. 그 공허함과 헛됨은 알겠습니다. 그런 삶은 본인에게든 다른 누구에게든 결국 무가치하다는 것을 알겠습니다. 그래서 이 나무처럼 되는 법을 알고 싶습니다."

이것이 그림이고 비유라는 사실을 기억하십시오. 하지만 이것은 아주 생생한 그림이고, 우리의 질문에 대한 아주 중요한 몇 가지 답변으로 이끌어 줍니다. 이제 그 답변들을 함께 살펴봅시다.

누군가 심다 。

본문에서 드러나는 답변은 첫째, 우리는 우리에게 행해지는 일, 우리에게 일어나는 어떤 일의 결과로 그리스도인, 경건한 사람이 된다는 것입니다. “그는 …… 에 심은 나무”입니다. 그 자리에 놓였습니다. 누군가가 거기 가져다 둔 것입니다. 시편 기자는 나무가 “시냇가에 심겼”다고 말합니다. 그곳에서 자연적으로 생겨나 자란 것이 아니라는 뜻입니다. 이 내용이 ‘심은’이라는 단어에 함축되어 있습니다.

누군가 와서 나무를 위한 자리를 마련하고 거기에 두었습니다. 그곳에 심었습니다. 이것이 시편 1편의 용어이고, 시인이 이 단어를 쓴 이유는 성경 전체에서 이 단어를 쓰기 때문입니다. 이것은 성경의 메시지에서 더없이 중요합니다. 사람은 이런 방식으로 그리스도인이 되고 경건한 사람이 됩니다.

다시 말해, 누구도 이 세상에 그리스도인으로 태어나지 않습니다. 우리가 어디서 태어나는지는 중요하지 않습니다. ‘기독교’ 국가에 관한 허튼소리를 아직도 믿는 사람은 없으리라 생각합니다. '기독교' 국가에서 태어났거나 우연히 특정한 기독교 가문에서 태어났다는 이유로 자신이 그리스도인이라고 믿는 사람은 없으리라 믿습니다. 그런 것은 없습니다! 본성적으로는 누구도 그리스도인이 아닙니다. 성경에 따르면 우리는 모두 본성적으로는 "진노의 자녀"(엡 2:3)입니다. 하나도 빠짐없이 다 그렇습니다. "의인은 없으니 하나도 없"(롬 3:10)습니다. 우리 모두 죄악 중에 태어났고 "죄 중에 잉태"(시 51:5)되었습니다. 그리스도인은 자연적인 존재가 아니라는 것입니다.

이런 식으로 생각해 볼 수도 있습니다. 이 나무는 그 자리에서 그냥 자라난 게 아닙니다. 이와 똑같이, 서서히 자라서 그리스도인이 되는 사람은 없습니다. 그것은 불가능합니다. 주위 환경이나 상황이 어떻든 간에, 누구도 그냥 자라서 그리스도인이 되지 않습니다. 톱시Topsy(《톰 아저씨의 오두막》에 나오는 노예 소녀. "누가 널 만들었는지 아니?"라는 질문에 "그냥 자랐을 걸요. 누가 절 만들었다고 생각하지 않아요"라고 대답했다-역주)는 "그냥 자랐어요"라고 말했지만, 그런 식으로 그리스도인이 되는 일은 없습니다. 우리가 자신에게 한 일이나 혼자서 한 어떤 일의 결과로 그리스도인이 되는 것도 아닙니다. 나무는 스스로를 심을 수 없습니다. 이것이 시편 기자가 선택한 그림의 본질입니다. 나무는 다른 누군가에 의해 심겨져야 합니다. 바로 이것이 그리스도인, 경건한 사람이 되는 사람에게 일어나는 일입니다.

저는 이 부분을 분명하고 확실하게 해 두고 싶습니다. 이 요점에 너무나 혼란이 많기 때문입니다. 우리 중에는 타고난 그리스도인이 있다고 생각하는 이들이 아주 많습니다. 우리는 늘 누군가에게 이끌려 주일학교나 교회에 나갔고, 하나님을 언제나 믿었고, 항상 기도했고, 늘 그리스도인이었습니다. 그러나 다시 말하지만 타고난 그리스도인은 없습니다! 그것은 불가능합니다. 물론 아주 어린 나이에 그리스도인이 될 수 있고, 회심한 특정 시점을 정확히 모를 수도 있습니다. 제 말은 그리스도인으로 태어나거나 날 때부터 그리스도인인 경우는 없다는 뜻입니다.

우리의 행실이 그리스도인으로 만드는 것이 아닙

니다. 얼마나 선한 삶을 살고 있는가는 중요하지 않습니다. 자, 제 말이 맞습니까? 우리는 기초를 확실히 해야 합니다. 행실로 그리스도인이 될 수 있다고 생각하는 사람이 아직도 있습니까? 일의 종류는 상관없습니다. 심지어 기도나 성경 읽기도 우리를 그리스도인으로 만들지 못합니다. 선을 행하는 일로 그리스도인이 될 수 없습니다. 가난한 사람들을 먹이기 위해 자신의 모든 소유를 내어 주는 일로도 안 됩니다. 고린도전서 13장을 읽어 보십시오. 사람이 원하는 모든 일을 해도 그는 여전히 그리스도인이 아닙니다.

> 내가 공을 세우나
> 은혜 갚지 못하네.
> 쉬임 없이 힘쓰고
> 눈물 근심 많으나
> 구속 못할 죄인을 ……
>
> - 아우구스투스 토플라디Augustus Toplady

아닙니다, 절대 아닙니다! 나무는 누군가 심은 것입니다. 나무 스스로 난 것이 아니라 다른 사람이 심었다는 것이 메시지입니다. 이것이 우리를 복음의 핵심으로 이끕니다.

복음의 핵심, '심기다'

사람은 하나님이 사랑하는 독생자, 우리 구주이신 예수 그리스도 안에서 그분을 통해 하신 일과 성령께서 그 모든 일을 각 사람에게 적용하심을 통해서 그리스도인이 됩니다. 심겼습니다! 이것은 다른 사람의 행위, 누군가가 우리에게 행하는 일, 우리에게 일어나는 일입니다. 이것이 복음입니다. "하나님이 세상을 이처럼 사랑하사 독생자를 주셨으니 이는 그를 믿는 자마다 멸망하지 않고 영생을 얻게 하려 하심이라"(요 3:16).

그렇습니다! 그분을 믿는 자가 누구든지 겨로 남지 않고 시냇가에 심은 나무가 되게 하려는 것입니다. 이 둘은 같은 내용을 다른 식으로 표현하고 있습니다. 아시다시피, 이것은 하나님이 하신 일입니다.

성경은 인간의 활동이 아니라 하나님의 활동을 기록한 책입니다. 인간이 하나님을 모색하고 추구하고 그분을 찾으려고 애쓰는 기록이 아닙니다. 정반대입니다. 인간은 길을 잃었고 하나님이 인간을 찾으셨습니다. 처음에 인간이 죄를 지었을 때 하나님이 에덴동산으로 내려오셨던 것처럼, 이후에도 하나님은 줄곧 내려오셨고 그분의 독생자, 구주이신 예수 그리스를 통해 이 땅에 오셨습니다.

나무 심기는 바로 이것을 의미합니다. 하나님이 성육신하셨을 때, 영원하고 끝없는 영광 중에 있던 아들을 떠나보내어 처녀의 태에서 태어나게 하셨을 때, 바로 이 '심는' 일을 하신 것입니다. 이 일에 힘입어 우리는 그리스도인이 됩니다. 이것은 사람이 추구하는 훌륭한 도덕적 윤리적 가르침이 아닙니다. 우리가 그리스도인이 될 수 있는 것은 하나님이 그분의 아들을 이 세상에 보내셨기 때문입니다. 이것이 성육신이요, 이후의 이어진 모든 일입니다.

우리가 그리스도인이 될 수 있는 것은 하나님의 아들 예수의 탄생 때문만이 아닙니다. 하나님의 율법에 완전하게 순종하신 그리스도의 삶 때문이기도 합니다. 갈보리산 위의 십자가에서 당하신 희생적이고 대속적인 죽음 때문이기도 합니다. 이것이 '심는 일'입니다. 이것이 하나님의 행하심입니다. 이것이 우리를 그리스도인이 되게 합니다. 이를 위해 그분이 오셨습니다. 우리가 다른 방식이나 방법으로 그리스도인, 경건한 남녀가 될 수 있었다면 그분은 오지 않으셨을 것이고 십자가에서 죽지 않으셨을 것입니다. 중요한 것은 하나님의 행하심입니다.

"여호와께서는 우리 모두의 죄악을 그에게 담당시키셨도다"(사 53:6). "하나님이 죄를 알지도 못하신 이를 우리를 대신하여 죄로 삼으신 것은 우리로 하여금 그 안에서 하나님의 의가 되게 하려 하심이라"(고후 5:21).

하나님은 우리 죄를 그분의 아들에게 지우시고 그를 때리고 치셨습니다. 나무 심기는 위대한 농부께서 이루신 이 엄청난 활동을 모두 포함합니다. 이것은 하나님의 행위이며 활동입니다. 하나님이 십자가에서 진노의 칼로 아들을 치신 결과로 아들은 죽고 그의 시신은 무덤에 묻혔습니다. 그 다음, 아들은 하나님의 강한 능력으로 죽은 자들 가운데서 다시 살아나셨습니다. 죽음과 지옥을 정복하셨습니다. 죽음의 끈을 끊으셨습니다. 그분은 하늘로 올라가셨고, 거기서 하나님의 우편에 앉아 계십니다. 그분은 오순절에 복된 성령을 보내셔서 그분을 믿는 사람들 안에 이 모든 활동의 결과가 이루어지게 하셨습니다.

베드로가 오순절에 설교하자 사람들이 "형제들이여, 우리가 어떻게 하면 좋겠습니까?"라고 부르짖기 시작했습니다. 베드로는 이렇게 대답했습니다. "회개하여 각각 예수 그리스도의 이름으로 세례를 받고 죄 사함을 받으라." 그리고 이어서 이렇게 말했습니다. "그리하면 성령의 선물을 받으리니"(행 2:38).

그러므로 우리를 그리스도인이 되게 만드는 주체는 하나님입니다. 그리스도인은 "…… 에 심은 나무"입니다.

이것을 정말 이해하셨습니까? 아니면 기독교가 우리가 만들어 낼 수 있는 것이라고 여전히 생각하십니까? 그렇지 않다는 것을 보여 주는 성경 본문은 아주 많습니다. 사도 바울은 이렇게 말합니다. "우리는 그가 만드신 바라 그리스도 예수 안에서 선한 일을 위하여 지으심을 받은 자니"(엡 2:10). "〔그러나 그를〕 영접하는 자 곧 그 이름을 믿는 자들에게는 하나님의 자녀가 되는 권세를 주셨으니 이는 혈통으로나 육정으로나 사람의 뜻으로 나지 아니하고 오직 하나님께로부터 난 자들이니라"(요 1:12-13).

성경의 모든 곳에서 같은 내용을 말합니다. 그러므로 그리스도인은 사도 바울과 한목소리로 이렇게 말해야 합니다. "내가 나 된 것은 하나님의 은혜로 된 것이니"(고전 15:10). 자랑할 것이 전혀 없습니다. 아무것도 한 일이 없기 때문입니다. 그것은 전능하신 하나님이 영혼을 위해 행하신 일입니다.

창조된 존재

어떻게 그리스도인이 되는가에 대한 성경의 두

번째 원리는 그들에게 무슨 일이 벌어지는가를 말해 줍니다. 이렇게 물을 수 있겠지요. "심는 것이란 무엇을 뜻합니까? 이것은 그림인데 그 안에 담긴 영적 내용, 영적 진리는 무엇입니까?" 그 의미는 다음과 같습니다. 누군가 이 나무를 창조하고, 창조 후에 이 위치에, "강가에" 가져다 두었다는 것입니다. 이 멋진 그림을 여러분 앞에 펼쳐 보이고, 보다 직접적인 신약성경의 용어로 제시해 보겠습니다.

이것은 '성령의 작용'입니다. 이 정의에 따르면, 사람들이 그리스도인이 되려면 먼저 새생명이 필요합니다. 새 창조가 필요합니다. 그리스도를 본받거나 따라가겠다고 결심하거나 산상설교를 실천하려고 노력한다고 해서 그리스도인이 되는 게 아닙니다. 그런 시도를 해 보면 그럴 수 없다는 사실을 알게 될 것입니다. 이것이 세상이 지금까지 알았던 가장 위대한 성인(聖人)들의 경험입니다.

새창조의 필요성

앞에서 살펴보았듯, 그리스도인이 되는 것은 지

금 우리의 모습에 뭔가를 추가하거나 우리가 가진 것을 개선해서 될 일이 아닙니다. 전혀 그렇지 않습니다. 그리스도인이 되려면 하나님이 우리를 새롭게 창조하셔야 합니다. 하나님이 우리 안에 새생명을 두십니다. 우리 안에 새로운 원리를 불어넣으십니다. 우리는 새로운 피조물, 새로운 사람이 됩니다. 이해가 되십니까?

그리스도인은 절대적, 본질적으로 다릅니다. 이 쓰레기더미, 겨 안에는 생명이 없습니다. 그러나 그리스도인은 나무와 같고 누군가 나무에 생명을 불어넣었습니다. 창조주께서 나무를 거기 두셨고, 그리스도인이 되는 모든 사람에게 같은 일을 하십니다. 우리 주님은 니고데모에게 "거듭나야 한다"(요 3:7)라고 말씀하십니다. 생명이 안에 들어와야만, 곧 중생해야만 그리스도인이 될 수 있습니다. 이것이 신약의 위대한 교리, 기독교 교리의 정수입니다. 그렇다면 이 일은 어떻게 이루어질까요?

심는 일은 하나님이 성령을 통해 우리 영혼을 다루시는 일입니다. 하나님은 아들 안에서 생명을 준비하셨습니다. 인류는 너무나 부패하여 개선될 수가 없었습니다. 새 출발이 필요했습니다. 구약성경에는 하나님이 이스라엘 백성에게 율법을 주시고 "너희가 이것을 지킬 수 있다면 이것이 너희를 구원할 것이다"라고 말씀하시는 대목이 있습니다. 그러나 그들은 지킬 수 없었습니다. 누구도 율법을 지키지 못했고 모두가 실패했습니다. 그래서 하나님은 이런 취지의 말씀을 하셨습니다.

"너희를 구원할 길은 하나뿐이다. 나는 새 인류를 시작해야 한다. 첫 번째 아담은 타락했고 그의 자손도 뒤따라 타락했다. 그래서 나는 두 번째 아담을 보내겠다. 또 다른 사람을 창조하는 일은 소용이 없다. 그는 첫 번째 사람과 똑같이 타락할 것이다. 첫 번째 사람은 완벽했지만 타락했다. 그러니 또 다른 완벽한 사람이 창조된다 해도 그 역시 타락하고 마귀의 공격과 습격에 무너질 것이다. 그래서 나는 새로운 종류의 인류를 만들려 한다. 내 아들을 보낼 것이고 그는 인성을 취할 것이다."

여기 새 인류의 머리인 하나님의 아들이 계십니

다. 그분은 사람들을 위한 생명을 가지셨고 참 인간이시기에 우리는 그분으로부터 생명을 받을 수 있습니다. 그런데 그 생명이 어떻게 옵니까? 이제 여러분은 성육신과 그분의 완전하고 흠 없는 순종의 삶과 십자가 위에서의 죽음과 매장과 부활과 승천의 의미를 압니다. 알다시피, 그분 안에 구원이 있습니다. 그러나 문제는 그 생명을 어떻게 얻을 수 있느냐는 것입니다. 우리에게는 그 생명이 필요합니다. 이 문제의 답은 "시냇가에 심은 나무처럼" 생명의 땅에 심을, 여러분을 생명 안에 집어넣을 능력이 존재한다는 것입니다.

나무를 심어 본 적이 있습니까? 우리 앞에 땅이 있습니다. 땅을 파야 합니다. 삽과 쇠스랑이 필요할 수도 있습니다. 땅을 부수어야 하니까요. 나무를 심으려면 이런 작업을 거쳐야 합니다. 그 다음, 나무를 구덩이에 넣고 흙을 덮은 다음 발로 밟고 눌러 줍니다. 그러면 나무의 상태가 괜찮아집니다. 하지만 이것은 상당히 복잡한 과정이지 않습니까? 때로는 상당히 힘든 일입니다. 이와 마찬가지로, 우리는 쉽지 않은 과정을 거쳐서 그리스도인이 됩니다. 성령께서 우리를 예수 그리스도 안에 심으실 때 하시는 일 중 몇 가지를 소개하겠습니다.

성령님의 일

여러분은 죄를 깨닫게 하는 역사에 대해 아십니까? 이것은 삽과 쇠스랑을 사용해서 땅을 부수고 파헤치고, 발로 다지고 북돋우고 기경하는 과정에 해당합니다. 이에 대해 아는 바가 있습니까?

죄를 깨닫지 않고는 그리스도인이 될 수 없습니다. 이 과정에는 큰 동요가 따릅니다. 우리는 아무 문제가 없다고 스스로를 설득하는 동시에 생각하기를 거부하며 몇 년씩 살아왔을 수 있습니다. 뜻밖의 사건들과 상황이 벌어져도 우리는 그 영향을 고스란히 받지 않도록 스스로를 단속합니다. 그런데 갑자기 동요를 느끼고 뭔가에 사로잡힌 것처럼 될 때가 있습니다. 말하자면 생각을 할 수 밖에 없는 경우가 생깁니다. 이 일을 하시는 분은 성령입니다.

땅을 기경하는 이 과정은 예배 시간에 이루어질

수 있습니다. 하나님이 우리를 다루고 계시다는 사실을 문득 느끼게 되는 겁니다. 그러면 우리는 더 이상 구경꾼이나 청중이 아니게 됩니다. 예배실에 앉아 마음에 안 들고 동의하지 않는 내용을 공책에 적는 비평가가 더 이상 아닙니다. 그 모든 행위가 중단되고 우리는 자신에게 무슨 일이 일어나고 있음을, 기경되고 있음을 인식합니다. 자신이 더 이상 이 일과 상관없는 존재가 아니고, 이 안에 들어와 있음을 인식합니다. 하나님이 우리를 다루시고, 뒤흔드시고, 분발하게 하시고, 죄를 깨닫게 하시고, 질문들을 직시하게 하시고, 불편하고 불행하게 만드신다는 것을 인식하게 됩니다. 순간 우리는 자신을 보호하고 싶어집니다. 자신에게 일어나고 있는 일들이 당황스럽기 때문입니다. 그때가 죄를 깨닫는 순간입니니다. 여러분은 이에 관해 아는 바가 있습니까?

자연스럽게 죄 인식은 물론, 진리에 대한 깨달음으로 이어집니다. 우리가 지금의 모습인 것은 하나님이 우리의 삶에 계시지 않았고, 우리가 하나님을 모르고 하나님께 영광을 돌리고 그분을 찬양하기 위해 살지 않았기 때문입니다. 우리는 하나님의 율법을 즐거워하고 주야로 그것을 묵상하는 데 시간을 사용하지 않았습니다. 성경을 무시하며 말했습니다. "성경은 효력을 다했어. 나는 현대 철학과 현대 과학을 믿어."

하나님은 여러분에게 아무 의미가 없었습니다. 그러나 이제, 여러분은 과거의 그런 행동들 때문에 자신이 현재와 같은 모습이 되었음을 깨닫게 됩니다. 그것 때문에 실패한 인생이 됩니다. 그것 때문에 불행해집니다. 그것 때문에 행복을 찾는 데 너무나 많은 시간과 돈을 버리게 됩니다. 그리고 절대 성공하지 못합니다. 하나님과의 관계가 잘못되었기 때문입니다.

그러나 이제는 진리가 생생하게 다가옵니다. 성령께서 진리를 깨닫게 하십니다. 그분이 말씀하십니다. "보아라, 하나님이 계시는데, 너는 그분의 통치 아래에서 그분을 위해 살지 않았다. 하나님을 거스르는 죄를 지었을 뿐이다." 이제 이 사실을 깨닫고 자기 변호를 중단합니다.

이제야 절망감을 느끼기 시작하고 이렇게 말합니다. "내가 무엇을 할 수 있을까?" 마귀는 여러분에게 새로운 삶을 시작할 것을 제안합니다. 성경을 읽기 시작하고 교회에 나가기 시작하며 선한 일을 시작하라고 속삭입니다. 어쩌면 여러분은 어리석게도 마귀의 말에 귀를 기울이고 "마르틴 루터Martin Luther"가 회심 이전에 그랬던 것처럼 그런 일들을 계속할 수 있습니다. 그러나 여러분은 그런 일을 하면 할수록 하나님의 거룩과 여러분 영혼의 어둠을 더 많이 발견하게 됩니다. 절대적 절망감과 무력감을 느끼게 됩니다.

그러고 나면 성령께서 성경 안에 있는 이 멋진 구원의 메시지를 계시하십니다. 구약성경에 나오는 온갖 준비, 하나님 아들의 오심, 그리고 제가 바로 앞에서 여러분에게 말씀드린 모든 것을 말씀하십니다. 갑자기 그 모든 내용이 우리와 직결되어 있음을 깨닫습니다. 성령께서 말씀하십니다. "주 예수 그리스도를 믿어라. 그러면 구원을 받을 것이다. 그 진리를 영접하고 그것이 자신에게 참되다는 것을 믿어라.

하나님의 아들이 너를 새 사람으로 만드시고 너에게 새생명을 주시기 위해 하늘에서 내려오신 것을 믿어라. 그분은 너의 죄를 친히 짊어지셨고 너는 용서받을 수 있다."

우리는 이 말씀에 대한 희미한 통찰을 갑자기 얻게 되고 회개하게 됩니다. 그리고 이것을 받을 자격이 없음을 인정하게 됩니다. 하나님이 우리를 영원히 벌하신다 해도 온전히 정당하시다는 것을 깨닫게 됩니다. 자신의 죄를 뉘우치고, 죄에서 떠나고 싶어하고, 하나님께 결단하며 기도합니다. 그분의 자비에 자신을 맡기고 이렇게 구합니다. "잘 이해할 수는 없지만, 저는 회개와 주 예수 그리스도를 믿는 일에 관한 이 메시지를 믿습니다."

성령께서 여러분이 이 모든 일을 하게 만드십니다. 이 모두가 땅을 준비하는 일의 일부입니다. 말하자면 흙을 파고 부수고, 거르고 준비하는 과정이지요. 이 모두가 필수적입니다. 그 다음, 성령께서 오셔서 새생명을 여러분에게 주십니다. 이것이 중생입니다. 생명이 들어가고 나무가 제자리에 놓이고 그 위에 흙을 덮어 평평하게 하는 일, 제가 이제껏 설명했던 모든 일이 바로 이것입니다.

이상이 시편 기자가 본문에서 멋진 그림으로 특별히 강조하는 내용입니다. 그는 이렇게 말합니다. “그것은 심은 나무와 같다.” 그렇습니다. 하지만 그는 여기서 멈추지 않습니다. 그냥 심은 나무가 아닙니다. 어디에 심느냐가 너무 중요합니다. 경건한 사람의 비밀은 “강가에 심은 나무와 같다”는 것이라고 그는 말합니다. 광야나 산꼭대기에 심은 것이 아닙니다. 크고 장엄한 강 옆에 심은 것입니다. 그 강은 토양이 비옥한 아름다운 골짜기를 통과하여 흐르고 주위에는 아름다운 땅이 펼쳐져 있습니다. 나무는 바로 그곳에 심겼습니다. 이것은 사람이 거듭나고 중생할 때 벌어지는 일에 대해 우리가 찾을 수 있는 거의 완벽한 그림입니다.

그리스도 안에 있는 생명 ◦

위치가 중요합니다. 나무는 어디에 심깁니까? '강가'입니다. 그리스도인은 어디에 심깁니까? 예수 그리스도 안에 심깁니다. 이 사실을 아십니까? 사람이 그리스도인이 되게 하는 핵심은 이전보다 나아졌다거나 더 나은 사람이 되려고 노력한다거나 그리스도를 따르려고 노력하는 일이 아닙니다. 우리를 그리스도인으로 만드는 것은 그리스도께서 우리를 들어 그분 안에 접붙이시는 일입니다. 그렇게 되면 그리스도의 생명을 얻게 됩니다. 신약성경에는 '그리스도 안에서'라는 표현이 가득합니다. 신약성경은 우리 모두가 아담 안에서 태어났다고 말합니다(롬 5:14-18, 고전 15:22). 우리 모두가 '아담 안에서' 태어났기 때문에 결국 겨가 되는 것입니다.

신약성경에 따르면 우리에게 필요한 것은 '그리스도 안에'(고전 15:22), 이 새 인류 안에 있는 것입니다. 우리는 그리스도 안에 있는 새생명이 필요합니다. 그분이 말씀하셨습니다. "내가 온 것은 양으로 생명을 얻게 하고 더 풍성히 얻게 하려는 것이라"(요 10:10).

이것 역시 시편 1편에 나오는 그림과 딱 들어맞습니다. 큰 강 옆 토양은 깊습니다. 표면에 약간의 흙만 있는 가볍고 성긴 돌투성이 토양이 아닙니다. 강가의 흙은 찰지고 양분이 많고 단단합니다. 그래서 나무를 그곳에 심습니다. 위풍당당한 나무로 자라기를 바라며 심습니다. 그래서 강변의 그 비옥한 땅, 멋진 토양에 나무를 가져다 놓습니다. 그러나 이것이 최고의 그림임에도 불구하고 부족한 점이 있습니다.

무엇이 우리를 그리스도인으로 만드는지 아십니까? 하나님의 생명이 우리 영혼에 들어올 때 그리스도인이 됩니다. 그보다 못한 것으로는 안 됩니다! 우리는 그리스도, 하나님의 아들이라는 토양에 심겨서 신성에 참여하는 자가 됩니다. 토양의 깊이는 측량할 수가 없습니다. 그것은 하나님의 부요함이니까요.

사도 바울은 에베소 교인들을 향해 그들이 "하나님의 모든 충만하신 것으로 충만"(엡 3:19)하도록 기도

한다고 말합니다. 우리는 인간이신 그리스도 안에서 이 새로운 인간성을 받습니다. 그분 안에 있는 이 완전한 인간성이 우리를 그리스도인으로 만듭니다. 이것은 전적으로 새로운 출발입니다. 다시 태어나는 것과 같습니다. 완전한 새생명을 받는 일입니다. 새로운 원리, 새로운 성향이 우리 안에 들어오는 것입니다. 이전에는 거기에 없던 것입니다.

모든 것은 그리스도로부터

강에도 주목하십시오. 이 나무의 핵심은 아주 좋은 토양에 심겼다는 것뿐 아니라 원뿌리가 아래로 내려갈 뿐 아니라 곁뿌리가 뻗어 나오고, 그중 일부가 실제로 강바닥으로 들어간다는 것입니다. 곁가지가 강에서 수분을 끌어와 강바닥에 있는 나무의 원뿌리는 수분을 아주 넉넉하게 확보합니다. 이것은 그리스도인들이 주 예수 그리스도 그분으로부터 생명, 양분, 영양과 모든 것을 얻음을 말해 주는 그림입니다.

제가 이런 내용을 지어내서 말한다고 생각하는

일이 없도록 예수님의 말씀을 직접 소개하겠습니다! 그분의 말씀을 들으십시오. "내가 곧 생명의 떡이니라 너희 조상들은 광야에서 만나를 먹었어도 죽었거니와 이는 하늘에서 내려오는 떡이니 사람으로 하여금 먹고 죽지 아니하게 하는 것이니라 나는 하늘에서 내려온 살아 있는 떡이니 사람이 이 떡을 먹으면 영생하리라 내가 줄 떡은 곧 세상의 생명을 위한 내 살이니라 하시니라 그러므로 유대인들이 서로 다투어 이르되 이 사람이 어찌 능히 자기 살을 우리에게 주어 먹게 하겠느냐 예수께서 이르시되 내가 진실로 진실로 너희에게 이르노니 인자의 살을 먹지 아니하고 인자의 피를 마시지 아니하면 너희 속에 생명이 없느니라 내 살을 먹고 내 피를 마시는 자는 영생을 가졌고 마지막 날에 내가 그를 다시 살리리니 내 살은 참된 양식이요 내 피는 참된 음료이다 내 살을 먹고 내 피를 마시는 자는 내 안에 거하고 나도 그의 안에 거하나니 살아 계신 아버지께서 나를 보내시매 내가 아버지로 말미암아 사는 것 같이 나를 먹는 그 사람도 나로 말미암아 살리라"(요 6:48-57).

생명, 양분, 수분, 모든 것이 이 복된 생수의 강, 다름 아닌 하나님의 아들로부터 나옵니다. 그분은 우리가 그 모두를 얻게 하시려고 성육신하셨고 죽으셨고 부활하셨습니다. 바울은 그분이 머리시고, 머리에서 모든 것이 나온다고 말합니다. 몸의 머리는 그리스도시고, 그분은 몸 전체를 제어하시며 우리는 그 몸의 부분들에 불과합니다(엡 4:15-16). 그리고 시편 기자가 "강rivers of water"을 강조한 것이 보이십니까? 물이 끝없이 공급됩니다. 하나님만큼이나 다함이 없습니다. 우리는 하나님의 생명 자체를 받습니다. 하나님의 모든 충만하신 것으로 충만한 신성에 참여하는 자가 됩니다(벧후 1:4). 이것이 기독교입니다. 다시는 기독교를 그냥 친절하고 선하고 도덕적이고 점잖고 다른 사람보다 낫다는 관점에서 생각하지 마십시오. 그것은 바리새주의입니다.

저는 여러분에게 좋은 사람이 되라고 말하지 않습니다. 저는 여러분의 상태가 너무 안 좋아서 '새사람'(엡 4:24)이 되어야 한다고 말합니다. 여러분은 거듭나야 합니다. 저는 여러분이 하나님이 주시는 생명을 받을 수 있고, 그 생명이 여러분을 그리스도인으로 만든다고 말합니다. 그보다 못한 것으로는 안 됩니다. 강가에 심겨 그리스도의 생명을 받아야 합니다. 그분에게 심겨야 합니다. 그분 안에 들어가야 합니다. 접붙임을 받아야 합니다. 시편 1편의 멋진 그림은 신약성경에 나오는 이 모든 내용을 암시합니다.

여기 담긴 논리를 아시겠습니까? 첫째, 우리는 우리가 하는 일의 결과가 아니라 우리에게 일어나는 일의 결과로 그리스도인이 됩니다. 둘째, 우리에게 일어나는 일이란 우리가 그리스도 안에 '심기고' 들어가는 것을 말합니다. 더 나아가기 전에 하나님의 이름으로 여러분에게 묻습니다. 여러분은 그리스도 안에 심겼습니까? 어떤 모습, 어떤 형태로든 이 과정을 겪었습니까? 여러분은 땅을 파고 부수고 준비하는 과정을 인식했습니까? 복된 손이 여러분을 잡고 그리스도 안에 넣었음을 아십니까? 그로 인해 여러분이 새사람이 되었음을 아십니까? 아니면 스스로 그리스도인이 되고 있다거나 자신이 늘 그리스도인이었다거나 그리스도인으로 키워졌다고 생각하십니까? 어느 쪽입니까? 그러나 그리스도인이라면 하나님의 영이 우리를 그리스도 안에 심었고 그리스도께 접붙였다는 사실을 모를 수 없습니다. 그때 여러분은 그리스도가 나의 생명이라고 고백하게 됩니다.

"이제는 내가 사는 것이 아니요 오직 내 안에 그리스도께서 사시는 것이라 이제 내가 육체 가운데 사는 것은 나를 사랑하사 나를 위하여 자기 자신을 버리신 하나님의 아들을 믿는 믿음 안에서 사는 것이라"(갈 2:20).

당신은 이렇게 고백할 수 있습니까? 만약 이런 고백이 없다면, 그리스도인임을 의심하게 됩니다. 오로지 성령을 통해서 하나님이 여러분에게 하신 일의 결과로 여러분이 지금의 모습이 되었다고 생각하지 않는다면, 그리스도인이 아닙니다. 아주 선할 수 있고, 종교적으로 독실할 수 있고, 대단히 도덕적일 수도 있지만 그리스도인일 수는 없습니다. 하나님은 홀로 그리스도인을 만드십니다. 그리고 이것이 그분의 방식입니다.

하나님 역사의 결과

어떻게 그리스도인이 되는가에 대한 성경의 세 번째 논점이 제가 방금 제기한 질문에 답하는 데 도움이 될지도 모르겠습니다. 그리스도인에게 이루어지는 이 하나님 역사의 결과는 무엇입니까? 그리스도인에 대한 성령의 일하심에는 어떤 결과가 따라옵니까? 그것이 이 본문에 다 나와 있습니다. 그것을 허락하신 하나님께 감사합시다. 우리는 그 내용 중 일부를 지난 장에 보았고 이어서 좀 더 살펴보려 합니다. 하지만 거의 표제 정도만 제시하는 수준에서 그칠 것입니다. 이 부분이 너무 길다고 느껴지십니까? 빨리 마무리하길 원하십니까? 만약 그런 생각이 드신다면, 기독교를 전혀 모르는 것입니다.

기독교가 아니면 인생에 무엇이 남습니까? 우리는 죽어가는 세상에 살고 있습니다. 위대한 사람들도 여느 누구와 마찬가지로 죽습니다. 우리 모두 언제라도 죽을 수 있습니다. 과학의 진보와 발전에 대해 너무 자랑하지 마십시오. 바이러스 감염에 늘 대

처할 수 있는 것은 아니지 않습니까? 그래서 하나님만 주실 수 있는 영생에 관해 말씀드리는 것입니다. 이제 저는 계속 진행하는 것을 송구해하지 않고, 우리 영혼에 행하시는 하나님의 놀라운 역사의 여러 결과를 몇 가지 표제 아래 제시하겠습니다.

열매를 맺다 。

첫째, 하나님의 역사로 '시냇가에 심은 나무' 같은 경건한 사람은 '철을 따라 열매를 맺'습니다. 이 말은 사람들이 그리스도인이 될 때 그들이 원래 기능해야 하는 방식대로 기능하기 시작한다는 뜻입니다.

나무의 기능이 무엇입니까? 열매를 맺는 것입니다. 그리고 이 나무는 열매를 맺습니다. 우리는 겨의 문제가 인간은 원래 겨처럼 될 존재가 아니라는 데 있음을 보았습니다. 겨는 쓸모없고 유용하지 않은 잔존물입니다. 알맹이가 빠진 상태입니다. 그러나 이제 사람들이 회복되었습니다. 이제 그들은 존재 목적에 합당하게 행합니다. 그들이 그리스도인이 될 때, 아담의 타락과 함께 훼손되고 부분적으로 파괴되었던 하나님의 형상이 회복됩니다. 사도 바울은 에베소 교인들에게 이렇게 말합니다.

"오직 너희는 그리스도를 그같이 배우지 아니하였느니라 진리가 예수 안에 있는 것 같이 너희가 참으로 그에게서 듣고 또한 그 안에서 가르침을 받았을진대 너희는 유혹의 욕심을 따라 썩어져 가는 구습을 따르는 옛 사람을 벗어 버리고 오직 너희의 심령이 새롭게 되어 하나님을 따라 의와 진리의 거룩함으로 지으심을 받은 새 사람을 입으라"(엡 4:20-24).

그것은 사람들이 그리스도인이 될 때 거듭났다는 뜻이고, 하나님이 그들을 의와 참 거룩함으로 새롭게 창조하셨다는 뜻입니다. 앞에서 살펴보았듯이, 이것이 바로 인간이 타락으로 인해 잃어버렸던 하나님의 형상입니다. 이제 그것을 되돌려 받은 이들은 더 이상 "하나님이 한때 여기 거하셨다"는 푯말이 붙은 폐허가 아닙니다. 가시나무와 찔레는 제거되었고 담쟁이덩굴도 뜯어냈습니다. 그분은 건축자와 장인을 보내셨고, 그곳에 다시 거주하십니다. 하나님의 형상이 회복되었기에 그들은 인간됨의 존엄을 다시 인식하는 사람들이 되었습니다.

이제 진정한 인간이 될 것입니다. 먹고 마시고 욕망과 욕구에 탐닉하기 위해 세상에 존재하는 단순한 동물이 아닙니다. 그들은 하나님의 친구입니다. 하나님과의 교제와 교통을 즐거워하고, 그분의 영광을 위해 살아야 한다는 것을 압니다. 그들은 동물과 구별됩니다. 자신들이 피조 세계의 주인이 되어야 하고 동물과 본질적으로 달라야 한다는 것을 새롭게 깨닫습니다. 인간 본성에 대한 심리학자의 견해는 겨에 불과합니다. 성경적 인간관은 그리스도인이 의와 참된 거룩함이 가득한 하나님의 형상을 지닌 존재이고 다시금 하나님을 본받게 된다는 것입니다.

둘째, 하나님의 역사로 경건한 사람은 열매를 맺되 '철을 따라' 맺습니다. 저는 시편 1편의 이 대목이 좋습니다. 열매가 언제 열릴지 대체로 알 수 있다는 것이 나무의 특징 아닙니까. 나무는 존재 목적을 따르기 때문에 규칙성을 보입니다. 특정한 시점에 열매를 맺도록 구성되고 만들어졌습니다. 싹이 난 다음에는 꽃이 피고, 그 다음에는 성숙해집니다. 그러다 열매가 열리기 시작합니다. 열매가 자라고 성장하면 가서 수확할 수 있게 됩니다.

전문가들은 이상 기후가 없는 한, 나무에 어떤 일이 있을지 자세히 알 수 있다고 말합니다. 그리고 경건한 사람은 철을 따라 열매를 맺습니다. 그들은 이따금, 내킬 때만 불쑥, 새해가 시작될 때나 가족 중 누군가 죽거나 병에 걸렸을 때만 경건해지는 게 아닙니다. 그들은 한결같고 신뢰할 만합니다. 진리에 이끌려 살고 원칙을 지키며 삽니다. 이것은 뿌리 없는 삶이 아닙니다. 그리스도 안에 뿌리를 내리는 삶이고, 흘러가는 영광스러운 강물에서 꾸준히 물을 공급받는 삶입니다.

이제 열매 자체를 살펴봅시다. 열매가 무엇입니까? 사도 바울에 따르면, "성령의 열매는 사랑과 희락과 화평과 오래 참음과 자비와 양선과 충성과 온유와 절제"(갈 5:22-23)입니다. 그리스도인 안에 나타나기 시작하는 것들입니다. 종종 자신이 그리스도인이라고 말하는 사람들에게서 이런 말이 들려옵니다. "내가 아는 A씨는 늘 이기적이고 자기중심적인데 자신이 그리스도인이라고 말합니다."

좋습니다. 그 사람은 그렇게 말할 수 있겠지요. 하지만 앞서 말씀드린 대로, 누군가가 그리스도인으로 자처하는 것이 그가 그리스도인이라는 증거는 아닙니다. 그리스도인들은 열매를 맺고, 그것도 철을 따라 맺습니다. 성령의 열매는 사랑, 희락, 화평, 오래 참음 등입니다. 이것은 필수입니다.

영혼에 하나님의 생명을 갖고 있으면서 육체의 일 - 음란, 간음, 술 취함, 방탕함, 시기 등 -, 겨에 속하는 온갖 것들을 내놓을 수는 없습니다. 그리스도인은 성령의 열매를 맺습니다.

여호와의 율법을 즐거워하다

그리스도인은 '여호와의 율법을 즐거워'합니다. 이것은 아주 좋은 시금석입니다. 성경 읽기를 즐거워하십니까? '그것을 주야로 묵상'하십니까? 그에 관해 더 알고 싶으십니까? 이런 태도는 열매의 일부입니다. 누군가 길을 가다가 배가 고프면 열매를 따서 먹습니다. 그리스도인은 다른 이들을 도울 수 있는 사람입니다. 베드로는 '너희 속에 있는 소망에 관한 이유'를 말할 수 있게 '항상 준비'(벧전 3:15)하라고 합니다. 사람들이 어려움에 처할 때 도울 수 있습니까? 다른 사람에게 그리스도인이 되는 법을 말해 줄 수 있습니까? 기독교 신앙이 무엇인지 말할 수 있습니까? 그럴 수 없다면 여러분은 그리스도인이 아닙니다. 그리스도인은 그 일을 할 수 있습니다.

그리스도인은 친절하고 자비롭고 긍휼이 넘치는

실제 행위로 다른 사람을 돕습니다. 지금까지 이 세상에 가장 큰 유익을 끼친 사람들이 그리스도인들이었다는 말은 역사적 사실입니다. 학교가 어디에서 처음 시작되었습니까? 기독교입니다. 병원은 어디에서 시작되었습니까? 기독교입니다. 런던의 가장 오래된 병원은 세인트바톨로뮤병원입니다. 9세기 전에 라히어Rahere라는 수도사가 그 병원을 열었습니다. 노예제 폐지는 어디에서 왔습니까? 윌리엄 윌버포스William Wilberforce라는 회심한 그리스도인입니다. 그는 한때 그리스도인이 아니었지만 이후 그리스도 안에 심겼다고 말할 수 있는 사람입니다. "공장법Factory Acts(미성년 노동자의 연령제한과 노동시간 규제를 주요내용으로 하는 영국의 일련의 법률-역주)은 어디에서 왔습니까? 샤프츠베리 경Lord Shaftesbury입니다. 그 역시 회심한 그리스도인입니다. 이 나라의 가장 훌륭하고 고귀한 모든 조직은 그리스도인으로부터 시작되었습니다. 노동조합은 어떻습니까? 오늘날 노동조합 이야기를 많이들 합니다. 노동조합을 처음 꾸린 이들이 그리스도인이라는 사실을 아십니까? 윌리엄 레키William Lecky 같은 사람조차도 18세기의 회심한 감리교도들이 처음으로 스스로를 돼지가 아니라 인간으로 보고 자신들의 권리를 주장하기 시작했음을 기꺼이 인정합니다. 이 모든 일들이 기독교로 인해 생겨났습니다. 이 나무는 언제나 철을 따라 열매를 맺기 때문입니다.

모든 것에 준비된 。

그러나 그리스도인은 철을 따라 열매를 맺는 데서 그치지 않습니다. 그 다음 내용을 허락하신 하나님께 감사합시다. 그리스도인은 '그 잎사귀가 마르지 아니'할 것입니다. 제가 이미 말씀드렸다시피, 행복이 상황이나 사건에 의존한다고 생각해서는 안 됩니다. 만약 그렇다면 우리는 금세 행복을 잃어버릴 것입니다. 미래에 무슨 일이 벌어질지 누가 알겠습니까? 그것이 두려우십니까? 나쁜 소식이 두려우십니까? 그런 내용을 듣는 것이 두려워서 "내게는 말하지 말라"고 하십니까? 만약 그렇다면, 여러분은 경건한 사람이 아닐 것입니다.

참으로, 저는 그렇게 믿습니다. 제가 경건한 사람에 관하여 들은 바는 다음과 같기 때문입니다(또 다른 시편에 나오는 내용입니다). "그는 영원히 흔들리지 아니함이여 의인은 영원히 기억되리로다 그는 흉한 소문을 두려워하지 아니함이여 여호와를 의뢰하고 그의 마음을 굳게 정하였도다 그의 마음이 견고하여 두려워하지 아니할 것이라"(시 112:6-8).

자, 이것은 '그 잎사귀가 마르지 아니'할 것이라는 사실의 다른 표현입니다. 끔찍한 기근이 닥칠 수도 있지만 이 나무의 잎사귀는 마르지 않을 것입니다. 왜일까요? 강가에 심었기 때문입니다. 그 강은 결코 마르지 않고, 나무의 원뿌리와 곁뿌리가 강바닥으로 뻗어 들어가 강물을 빨아들이기 때문에 수분이 부족하지 않습니다. 끔찍한 기근이 오더라도 보이지 않는 곳에서 수분이 주어지고 그 잎사귀는 결코 마르지 않습니다.

이것은 그리스도인 안에 있는 생명의 가장 영광스러운 측면 중 하나입니다. 그리스도인의 생명은 우리에게 벌어질 수 있는 모든 일에 대비하게 해 줍니다. 중년을 대비하게 하고, 노년을 대비하게 합니다. 노쇠해져서 제대로 움직이거나 생각할 수 없게 되는 날들도 대비하게 해 줍니다. 질병에 대비하게 해 줍니다. 불행과 상실에 대비하게 해 줍니다. 다른 사람들과의 이런저런 어려운 관계에 대비하게 해 줍니다. 사랑하는 이들의 죽음에 대비하게 해 줍니다. 자신의 죽음에도 대비하게 해 줍니다. 이 생명이 대비시켜 주지 못하는 일은 우리에게 일어날 수 없습니다. 저는 강가에 심겨진 나무입니다. 그리스도 안에 있는 생명, 그 강물은 결코 마르지 않습니다. 시편 92편은 이렇게 말합니다. "늙어서도 여전히 열매를 맺으며, 진액이 넘치고, 항상 푸르를 것이다"(14절, 새번역).

늙어서도! 하나님은 이렇게 약속하셨습니다. "내가 결코 너희를 버리지 아니하고 너희를 떠나지 아니하리라." 그러므로 그리스도인은 이렇게 말할 수 있습니다. "…… 주는 나를 돕는 이시니 내가 무서워하지 아니하겠노라 사람이 내게 어찌하리요"(히 13:6).

다윗은 시편 37편에서 이렇게 말합니다. "나는 젊어서나 늙어서나, 의인이 버림받는 것 …… 을 보지 못하였다"(시 37:25). 사도 바울은 이렇게 말합니다. "어떠한 형편에든지 나는 자족하기를 배웠노니 나는 비천에 처할 줄도 알고 풍부에 처할 줄도 알아 …… 내게 능력 주시는 자 안에서 내가 모든 것을 할 수 있느니라"(빌 4:11-13).

주 사랑 안에 살면
두려움 없으며
그 사랑 변함없어
늘 마음 편하다
저 폭풍 몰아쳐서
내 마음 떨려도
주 나의 곁에 계셔
겁낼 것 없어라.

– 애나 래티셔 워링Anna Laetitia Waring

겁낼 것 없습니다! 그런 일은 일어날 수 없습니니

다. 폭풍이 몰아치고 허리케인이 일어나고 눈보라가 치고 모든 것이 내게 불리하게 돌아간다고 해도, 그런 것은 중요하지 않습니다. "내가 믿는 자를 내가 알고 또한 내가 의탁한 것을 그날까지 그가 능히 지키실 줄을 확신함이라"(딤후 1:12).

제 삶이 그리스도 안에 뿌리내렸고 그분을 기초로 하고 있기에 저는 이렇게 말할 수 있습니다.

> 나의 죄를 사하는
> 주의 은혜 크도다.
> 생명수로 고치사
> 나를 성케 하소서.
> 생명 물은 예수니
> 마시게 하시옵고
> 샘물처럼 내 맘에
> 솟아나게 하소서.

어디에 있는지는 문제가 되지 않습니다.

비바람이 칠 때와
물결 높이 일 때에
사랑하는 우리 주
나를 품어 주소서.
풍파 지나가도록
나를 숨겨 주시고
안식 얻는 곳으로
주여 인도하소서.

- 찰스 웨슬리Charles Wesley

'그 잎사귀가 마르지 아니'할 것입니다. 우리 하나님의 집에 심긴 사람들은 그분의 궁전에서 푸르를 것입니다.

여러분에게는 이 생명이 있습니까? 중요한 것은 이것뿐입니다. 그리스도 안에 심겼습니까? 그분에게 기대어 살고 있습니까? 그분이 여러분의 빵, 물, 호흡, 모든 것입니까? 그분이 여러분에게 둘도 없이 소중한 분입니까? 미지의 미래를 맞이할 준비가 되었습니까? 인생의 시련에 어떻게 맞서고 있습니까? 그리스도만으로 충분합니까? 그분만으로 충분하지 않다면, 그분을 모르는 것입니다. 그분과 별개로 어떤 만족을 추구하고 있다면, 그분을 제대로 모르는 것입니다.

찰스 웨슬리는 이렇게 노래했습니다. "그리스도는 내가 원하는 전부입니다. 당신 안에는 전부 그 이상이 있습니다." 이것은 사실입니다. 그분의 생명은 하나님의 생명이기 때문입니다. 그 생명에는 끝이 없습니다. 그분은 모든 것을 충족하신 분입니다. 그분을 정말로 알기 전까지, 여러분이 그분 안에 있음을 알기 전까지는 쉬지도 말고 평화를 누리지도 마십시오.

그분 안에 심기도록 하십시오. 확신이 없다면, 하나님께 간청하십시오. 그렇게 되고 싶다고 하나님께 구하십시오. 이런 행동은 하나님이 내면에서 일하기 시작하셨다는 증거입니다. 하나님이 먼저 시작하지 않으셨다면 그렇게까지 말하지 않을 것입니다. 그분이 땅을 파고 계셨습니다. 준비하고 계셨습니다. 그리스도 안에 뿌리내리고 그분을 기초로 하고 있음을 알게 될 때까지 그 복된 역사를 계속해 달라고 하나님께 간구하십시오. 그분이 말씀하셨습니다. "내가 온 것은 양들로 생명을 얻고 더 풍성히 얻게 하려는 것이라."

그 풍성한 생명을 누리고 있습니까? 그분 안에 우리를 위한 모든 것이 있습니다. 그분 안에 꼭 심기도록 하십시오. 그러면 철을 따라 열매를 맺기 시작할 것입니다. 더없이 놀랍게도, 앞으로 어떤 일이 닥치더라도 잎사귀는 결코 마르지 않을 것입니다.

4

의인의 길은 여호와께서 인정하시나
악인의 길은 망하리로다

우리 앞에 놓인 두 가지 길

◎

[5] 그러므로 악인들은(불경건한 자들은)
심판을 견디지 못하며
죄인들이 의인들의 모임에서
들지 못하리로다.

[6] 무릇 의인들의 길은 여호와께서 인정하시나
악인들의(불경건한 자들의) 길은 망하리로다

시편 1편 5-6절.

▲

이 말씀은 시편 1편의 마지막 두 절입니다. 이 대목은 결론이자 어떤 의미에서는 절정이기도 합니다. 여기서 시편 기자는 제가 지금까지 말씀드린 행복을 찾을 수 있는 유일한 길을 알려 줍니다. 그리고 그가 채택한 방법은 비교와 대조입니다.

두 사람, 두 종류의 사람, 경건한 사람과 불경건한 사람, 두 가지 생활 방식, 경건한 삶과 악한 삶 또는 불경건한 삶이 비교됩니다. 그의 논점은 진정하고 참된 행복을 누리려면 경건해지는 수밖에 없다는 것입니다. 궁극적으로 행복은 우리와 하나님의 관계에 달려 있고, 그 결과로 우리가 어떤 존재가 되는가에 달려 있습니다. 이제 그는 절정의 대목에 이르렀습니다. 이것은 성경의 아주 특징적인 방식입니다. 성경은 언제나 완전한 진술, 총체적 시각을 제시합니다. 중간에서 멈추는 법이 절대 없습니다. 어떤 것도 미완의 상태로 내버려두지 않습니다. 성경이 어떤 문제를 다루고 나서면 그에 관한 모든 것을 말합니다. 그래서 시편 기자는 이 마지막 두 절에서 지금까지 말해 온 내용의 논의를 이어갑니다. 그는 '그러므로'라고 말하고 앞선 내용의 궁극적이고 불가피한 논리적 결론을 내놓습니다.

그는 참된 행복이 가능하다고, 지금과 같은 세상에서도 행복을 얻을 수 있다고 말해 왔습니다. 이 행복은 즉시 얻을 수 있는 것입니다. 다른 것들에 의존하지 않고, 단 한 가지에만 달려 있습니다. 이 행복은 지속되는 것이고, 우리가 모든 만일의 사태와 우발적 사건에 맞설 수 있도록 힘을 줍니다. 우리는 이 모든 것을 살펴보았습니다. 그리고 이제 시인은 좀 더 나아갑니다. 그는 이 행복이 영원히 계속된다고 말합니다. 이 행복은 이 세상에서 멈추지 않고 내세까지 이어집니다. 그는 이 행복의 본질, 모든 것을 뚫고 이어지는 이 행복의 연속성을 말합니다. 그리고 이것이 영원한 행복이요, 최후의 원수, 곧 죽음과 그 너머에 놓인 것까지 상대할 수 있으며, 영원의 무한한 시대들을 가로질러 지속되는 행복이라고 말합니다.

물론, 반대의 경우인 불경건하고 세속적이고 죄악 된 삶, 즉 겨는 정말 딱하다는 얘기를 계속했습니다. 겨는 아무 특성이 없고 시인이 묘사하는 나무와 철저히 대조를 이룹니다. 그는 겨가 철저히 무가치하고 우리에게 어떤 유익도 주지 않는다고 말합니다. 겨는 바람에 흩날립니다. 그리고 겨는 결정적으로 재앙만을 초래합니다. 이번 장에서는 시인이 이 2절을 통해 제시하는 결말에 집중해 보고자 합니다. 저는 끝을 고려한다는 점에서 성경의 메시지가 얼마나 특별한 것인지 여러분에게 보여 주고 싶습니다.

이 부분에서 성경의 가르침은 인류에게 제시되는 다른 모든 가르침과 명확히 구별됩니다.

인생의 끝

불경건한 사람, 죄인, 오만한 자, 또는 뭐라 부르건 - 이 모든 용어는 성경의 이 대목뿐 아니라 다른 곳에서도 나옵니다 - 이 사람의 궁극적 문제는 그가 어리석다는 것입니다. 그는 현재를 위해서만 사는 경향이 있습니다. 그는 결코 앞을 내다보지 않습니다. 당장의 행복에만 관심을 가집니다. 뒤따라올 영향과 파장은 고려하지 않습니다. 결과를 생각하지 않습니다. 지금 당장 얻을 수 있는 것만 원합니다. 성경에는 이 모두를 가리키는 용어가 있습니다. 바로 무절제 - "무절제한 애정"(골 3:5, KJV) - 입니다.

기다리지를 못합니다. 지금 가져야 직성이 풀립니다. 성경은 죄인들을 다루는 모든 곳에서 그들은 인생을 조금밖에 보지 못한다고 말합니다. 현재밖에 보지 못하는 자기중심적이고 이기적인 사람들이라는 의미입니다. 그들은 계속해서 나아가 인생의 끝을 살피고 직시하기를 거부합니다. 그뿐 아니라, 직시하라고 설득해도 그에 반대하는 논리를 펍니다. 그런 설득을 싫어하고 무시합니다. 현재를 위해 살아야 한다고 말합니다. 미래는 어차피 곧 올텐데, 왜 먼저 나서서 문제를 마주해야 할 것인지 이해하지 못 합니다. 순간을 위해 살자. 즐거운 시간을 보내자. 먹고 마시고 즐거워하자! 이것이 그들의 전형적 태도입니다. 앞을 내다보고 어떤 일이 일어나고 어떤 결과에 이르게 될지 생각해 보라는 제안과 가르침을 싫어합니다.

불경건한 사람의 비극은 하루 벌어 하루 먹고 그날그날 연명하며 현재의 만족만 생각한다는 것입니다. 그들이 결국 죽을 존재이고 끝이 날 수밖에 없다는 사실을 상기시키면 설상가상으로 이런 대답이 돌아옵니다. "괜찮아요. 난 그건 걱정하지 않아요. 사람이 죽으면 그것으로 끝이고, 더 이상 말할 거리도 없어지니까요." 보이지 않는 영역, 영적 영역을 믿지 않습니다. 대체로 내세를 믿지 않습니다. 이 세상만을 믿습니다!

저는 이런 견해를 가진 이들을 어리석은 사람이라고 말합니다. 자신들이 말하는 내용에 대해 아무런 증거도 가지고 있지 않기 때문입니다. 그들은 어떤 것도 증명할 수 없습니다. 이생이 유일한 삶이고 유일한 세상이라는 것을 증명할 수 없습니다. 그들은 모릅니다. 그러나 자신들의 생각이 옳음을 증명할 능력이 없음에도 불구하고, 그들은 고작 추측과 이론과 가정에 모든 것을 겁니다. 허세에 사로잡혀 개의치 않는다고 말하고, 귀를 닫습니다. 이런 사람들에게 쓸 수 있는 단어는 '바보'입니다. 세상은 미래를 직시하고 숙고하기를 좋아하지 않지만, 성경은 도처에서 그것을 강조합니다. 설득하고 호소합니다. 시편 1편의 시인이 오늘 본문에서 말하는 것처럼 말입니다.

다시 말해, 성경은 인생의 온전함 또는 통일성을 항상 강조합니다. 성경은 이렇게 말합니다. "너의 과거와 현재를 생각하는 데서 멈추지 말라. 미래를 내다보고 앞을 바라보라."

성경은 단편적인 메시지를 제공하지 않습니다. 물론, 세상은 쾌락에 대한 단편적 메시지를 보냅니다. 세상은 여러분이 미래를 생각하는 데 관심이 없습니다. 지금 좋은 시간을 보내고, 눈앞의 것을 즐기고, 지금 마음에 드는 것을 가지라고 합니다. 하지만 성경은 이렇게 말합니다. "아니다. 아니야. 앞을 내다 봐라. 이것을 즐기기 전에 어떤 결과가 따라올지 먼저 생각해라. 무슨 일이든 하기 전에 그에 따라올 수 있는 영향, 결과, 파장을 먼저 숙고해라. 인생은 전체이고, 좋든 싫든 하나의 통일체이다. 과거이고 현재이고 미래이다. 청년, 중년, 노년이 있다. 태어나고 살아가고 죽어간다. 전체가 있다. 그것 모두를 숙고해라. 어떤 지점에서 생각을 멈추지 말아라."

이것이 성경의 첫 번째 강조점입니다.

두 번째는 죽음이 끝이 아니라는 점입니다. 이것은 구약과 신약 모두를 관통하는 메시지입니다. 이 세상은 일시적인 곳에 불과하고, 이곳에서 우리는 순례자이고 이방인이고 여행자이며, 현세와 이 세상 너머에는 또 다른 세상이 있고 우리는 그 세상으로 간다는 것입니다.

세 번째는 죽음 이후에 심판이 있다는 점입니다 성경은 "불경건한 사람들은 심판을 견디지 못"할 것이라고 말합니다. 이것은 성경의 위대하고 근본적인 메시지 중 하나입니다. 죽음은 끝이 아닙니다. 죽음 이후에 심판이 있습니다.

네 번째는 우리의 영원한 운명, 이 세상을 떠나서 가게 되는 영계에서의 영원한 삶, 거기서 맞이할 운명이 이 세상에서의 삶과 태도로 결정된다는 점입니다. 거기서 우리에게 벌어질 일은 이곳에서 우리가 어떤 존재 - 무엇을 생각하고 무엇을 믿고 어떻게 사는가 - 인지의 필연적이고 논리적인 결과입니다. 이것이 시편 기자의 논점입니다. 그는 어떤 존재인가, 어떻게 사는가 등을 가지고 경건한 사람과 불경건한 사람을 비교합니다. 그 모든 것의 결과가 심판으로 나타납니다. 둘은 끝내 대조적인 운명을 맞이합니다.

이는 인생에 관한 성경의 큰 중심 메시지이고, 시편 기자가 말하는 내용을 이렇게 표현할 수 있습니다. 참으로 복 있고 행복한 사람은 모든 것을 고려하고 모든 것을 준비한 사람입니다. 끝, 죽음, 그 너머에 있는 것까지 포함해서 말입니다.

시편 기자는 이것이 행복과 복의 비결이라고 말합니다. 인생은 쪼갤 수 없습니다. 조각조각 나눌 수 없습니다. 전체를 고려해야 합니다. 인생은 흘러가는 강물처럼 움직입니다. 정말 복을 받고 행복해지고 싶다면, 시작뿐 아니라 끝도 숙고해야 한다고 시인은 말합니다. 전체를 바라봐야 합니다. 인생은 모두 하나로 이어져 있고, 죽음 너머에서 여러분에게 벌어질 일은 지금 여기서 우리가 어떤 존재인가에 의해 결정됩니다. 이것이 바로 시편 1편의 메시지입니다. 히브리서 기자는 우리에게 "죽기를 무서워하므로 한평생 매여 종노릇 하는"(히 2:15) 이 세상의 많은 사람들에 대해 말합니다. 셰익스피어도 그런 이들의 목소리를 들려줍니다. "미지의 그 나라가 두렵구나. 그 지역에서 돌아온 길손 없으니."

죽음을 꿰뚫어 보는 믿음이 없으면 이 세상에서 참된 행복을 얻을 수 없습니다. 이 순간이 아무리 행복해도, 죽음의 위협, 죽음의 가능성은 언제나 있기 때문에 긴장을 풀 수가 없습니다. "한평생 매여 종노릇하는" 상태입니다. 시편 기자는 참으로 그러하다고 말합니다. 처음부터 끝까지 모든 것을 고려하는 인생관을 가져야 합니다. 그래야, 그제야 여러분이 참으로 복된 사람이 됩니다.

심판의 존재 。

이제, 세 가지 주요 명제로 이 끝의 문제를 숙고해 봅시다. 우리가 분명히 알아야 하는 첫 번째 사실은 심판의 존재입니다. '그러므로 불경건한 사람들은 심판을 견디지 못'합니다. 사람은 책임 있는 존재입니다. 동물이 아닙니다. 책임 있는 존재이므로 책임을 져야 하고, 언젠가 자신에 대해 회개해야 할 것입니다. 심판이 기다리고 있기 때문입니다. 이 메시지는 모든 사람, 이 세상에 태어난 모든 이가 최후의 심판대, 재판정에 서야한다고 말합니다.

저는 현대인과 현대 정신이 이 말에 극도의 혐오감을 느낀다는 것을 압니다. 사람들은 이렇게 말할 것입니다. "아직도 저런 말을 하다니 놀랍군요! 한 세기 전에는 설교자들이 심판을 엄청나게 들먹였고, 사람들에게 겁을 줘서 종교적이 되게 만들었죠. 지옥과 형벌에 대한 생각들로 공포에 사로잡혀 복음을 믿고 착하고 경건하게 살도록 유도했어요. 하지만 지금의 우리는 그것이 전부 엉터리라는 것을 알아요. 그 안에는 아무것도 없어요. 심판이라는 것은 없으니까요."

그들이 그렇게 말하는 근거는 이렇습니다. "이것은 둘 중 하나를 택해야 하는 문제에요. 하나님을 믿는다면 말이죠. 사랑의 하나님을 믿는다면 심판은 하나님과 그분의 사랑과 절대 양립할 수 없어요."

그러나 심판에 대한 이 반론은 하나님과 하나님 사랑에 대한 철저하고 완전히 잘못된 견해에 근거하고 있습니다. 그들에게 간단한 질문을 하고 싶습니다. 여러분은 하나님에 관해 정말로 무엇을 아십니까? 하나님에 대해 이런 저런 가정을 할 때 무슨 권리로 그렇게 하십니까? 사랑의 하나님이 동시에 정의롭고 의로우신 하나님일 수 없고 심판자일 수 없다니, 도대체 무슨 권리로 그런 말을 하시는 겁니까?

우리는 하나님에 관해 정말 무엇을 알까요? 대답은 분명합니다. 우리가 하나님에 관해 아는 모든 것은 그분이 자신에 관해 계시하시기를 기뻐하신 내용이 전부입니다. 그리고 하나님의 자기 계시에 관해 우리가 가지고 있는 지식은 성경에 나와 있는 것뿐입니다. 자연에도 하나님에 대한 지식이 드러나 있습니다. 감사하게도, 저는 자연에서 하나님의 지혜를 보고, 그분의 능력을 보고, 그분의 설계를 봅니다. 저는 자연에서뿐만 아니라 역사에서도 그분을 볼 수 있습니다. 섭리 가운데 하나님을 봅니다. 그러나 우리가 이런 식으로 아는 하나님은 여전히 미지의 하나님입니다. 그분의 성품을 정말 알려면 성경을 펴야 합니다. 인간에게 주시는 하나님의 자기 계시가 성경에 기록되어 있습니다. 성경 기자들은 "이것이 내가 하나님에 관해 생각하는 내용이다"라고 말하지 않습니다. 아닙니다. 그들은 이렇게 말합니다. "하나님이 내게 말씀하셨다. 하나님이 내게 계시하셨다." 예를 들어, 하나님은 시내산 정상에서 모세를 부르셨고 말씀하기 시작하셨습니다. "이것이 진리이다. 나는 스스로 있는 자다."

우리는 성경을 통해서만 하나님을 제대로 알 수 있습니다. 그러므로 심판을 이해할 수 없고 생각하는 하나님의 사랑과 심판을 조화시킬 수 없어서 심판을 믿기 힘들다고 말한다면, 우리의 입장 전체는 무지와 추측, 희망사항, 믿고 싶은 바에 근거하고 있는 것입니다. 이 말은 곧, 아무 근거가 없다는 뜻입니다. 심판 개념을 거부하는 현대의 모든 입장의 반대편에 성경이 자리 잡고 있습니다. 성경에는 심판이 분명하게 나와 있습니다. 하나님은 아담과 하와를 만드시고 에덴동산에 두시면서 이렇게 말씀하셨습니다. "자, 너희가 내 법을 어기면 나는 너희를 동산에서 쫓아낼 것이다." 그리고 하나님은 그렇게 하셨습니다!

제가 지칠 줄 모르고 계속 말씀드리는 것처럼, 우리 세계가 지금과 같이 죄에 빠진 것은 죄에 대한 하나님의 심판 때문입니다. 하나님은 땅을 저주하셨습니다. 인간을 낙원에서 쫓아내셨고 그가 되돌아오는 것을 막기 위해 화염검과 그룹(천사)들을 두셨습니다. 심판이 실제로 이루어지는 모습입니다. 구약성경은 심판으로 가득합니다. 개인들에게도, 하나님의 백성 이스라엘 민족 전체에도 심판이 있습니다. 하나님은 이스라엘의 죄 때문에 그들을 바벨론의 포로가 되게 하셨습니다. 심판입니다! 하나님은 심판할 것이라고 하셨고 말씀대로 행하셨습니다.

신약성경에서도 동일한 것을 보게 됩니다. 우리 앞에 등장하는 첫 번째 설교자는 세례 요한입니다. 그는 '죄 사함을 받게 하는 회개의 세례'(눅 3:3)를 전했고, 바리새인들과 서기관 등의 무리가 찾아오자 이렇게 말했습니다. "누가 너희에게 일러 장차 올 진노를 피하라 하더냐"(눅 3:7).

이것이 신약성경에 나오는 첫 번째 심판 경고입니다. 이것이 왜 구원의 복음입니까? 왜 좋은 소식입니까? 한 가지 이유밖에 없습니다. 이것은 다가올 심판과 진노에서 우리를 구원하는 메시지이기 때문입니다. 선구자인 세례 요한이 이것을 전했습니다.

주님도 심판을 전하셨습니다. 그분은 무덤에 있는 자들이 다 일어날 것이고 그들이 일어나 심판을 받을 것이라고 하셨습니다(요 5:28-29). 우리는 생명 아니면 정죄를 받게 될 것입니다. 사람들은 사랑에 대해 말합니다! 우리 주와 구주이신 하나님의 아들, 예수 그리스도에 비할 때, 사랑을 안다고 말할 만한 이가 있을까요? 그분은 사랑의 화신입니다. 하나님이 사랑이시기 때문에, 하나님이 세상을 너무나 사랑하셨기 때문에 그분이 세상에 오셨습니다. 하지만 그분이 가르치시는 것은 심판입니다. 심판은 둘 중 하나입니다. 정죄의 심판이거나, 우리가 하나님의 백성이고 영원한 지복으로 나아간다고 선포의 심판입니다. 심판은 모든 사도의 글에도 나옵니다. 오순절에 베드로는 성령으로 충만하여 다음과 같이 말합니다. 이것은 기독교회 역사상 최초의 설교였습니다. "너희가 이 패역한 세대에서 구원을 받으라"(행 2:10).

사도 바울도 같은 말을 전했습니다. 그는 아테네의 아레오바고에 서서 이렇게 말했습니다. "[하나님이] 이제는 어디든지 사람에게 다 명하사 회개하라 하셨으니 이는 정하신 사람으로 하여금 천하를 공의로 심판할 날을 작정하시고 이에 그를 죽은 자 가운데서 다시 살리신 것으로 모든 사람에게 믿을 만한 증거를 주셨음이니라"(행 17:30-31).

히브리서 기자는 이렇게 말합니다. "그러므로 우리는 들은 것에 더욱 유념함으로 우리가 흘러 떠내려가지 않도록 함이 마땅하니라"(히 2:1).

왜 그렇습니까? "우리가 이같이 큰 구원을 등한히 여기면 어찌 그 보응을 피하리요?"(히 2:3). 우리는 피할 수 없습니다! 히브리서 기자는 뒷부분에서 이렇게 말합니다. "한 번 죽는 것은 사람에게 정해진 것이요 그 후에는 심판이 있으리니"(히 9:27).

베드로도 주의 날이 올 것이라는 데 동의합니다. 그날은 틀림없이 옵니다. "주께는 하루가 천 년 같고 천 년이 하루 같다"(벧후 3:8). 그러나 주의 날은 올 것입니다. 분명히 옵니다.

요한계시록은 온 세상, 전체 우주에 대한 궁극적이고 최종적인 심판의 시사회일 뿐입니다. 심판을 부정하는 현대의 모든 반론에 대한 답변은 분명합니다. 심판은 사실입니다. 성경의 모든 부분에 펼쳐져 있는 엄중한 사실입니다. 불경건한 자들을 따르지 마십시오. 우리는 곧 심판과 마주해야 합니다.

심판의 본질 ∘

끝의 문제를 생각할 때 알아야 할 두 번째 원리는 심판의 특성 또는 본질입니다. 심판은 이 세상에서 부분적으로 이루어집니다. 죄는 지금 이곳에서도 일정량의 형벌을 초래합니다. 그것만으로 충분히 안

좇을 수 있습니다. “범죄하는 그 영혼은 죽으리라”(겔 18:4). 그렇습니다. 그리고 “사악한 자의 길은 험하니라”(잠 13:15). 죄인에게는 언제나 문제가 생깁니다.

하나님의 율법을 어기고도 아무 일 없었던 것처럼 그냥 살아갈 수는 없습니다. 대가를 치러야 합니다. 회한, 자책이 일어나고, 어쩌면 신체의 손상이나 하나님께 받은 정신 능력의 손상이 있을 수도 있습니다. 현세에도 심판과 형벌이 있습니다. 그러나 성경의 큰 메시지는 종말에 심판이 정말로 이루진다는 것입니다. 이 모든 것들은 심판의 전조일 뿐입니다. 참으로, 성경의 모든 심판은 최후의 심판을 앞두고 우리를 준비시키는 예시일 뿐입니다. 시대의 종말에 찾아올 심판을 가리키는 표지이며 안내판입니다.

그렇다면 성경은 최후의 심판에 대해 무엇을 가르칩니까? 최대한 단순하게 표현하면, 모두가 하나님의 심판대 앞에 반드시 서게 될 거라는 내용입니다. 온 세상 사람들을 말합니다. 아직 살아 있는 사람들, 죽은 사람들까지 모두를 말합니다. 모든 것이 죽은 자를 내놓아야 합니다. 무덤, 바다, 자연, 모든 곳에서 죽은 자들이 일어날 것입니다.

또한 우리는 그 심판의 주체가 하나님이라는 말을 듣습니다. "그러므로 불경건한 사람들은 심판을 견디지 못하며 …… 의인들의 길은 여호와께서 아시나 악인들의 길은 망하리로다."

심판자는 하나님이십니다. 아브라함이 말한 대로 하나님은 '온 땅의 심판자'(창 18:25, KJV)이십니다. 이 세상은 그분의 것이기 때문입니다. 하나님이 세상을 만드셨고 세상은 그분의 것입니다. 그분이 세상을 움직이게 하셨고 세상의 조건을 정하셨습니다. 그분은 심판자이십니다. 그분 홀로 정의롭고 의로우십니다. 그분 홀로 세상을 심판하기에 합당하시고 심판자가 되실 권리를 갖고 계십니다.

그리고 이 심판은 우리 주님께 맡겨진 일이기도 합니다. 인자(人子)이신 그분께 맡겨 심판이 더욱 공정해지게 하려는 것입니다(요 5:22). 사람은 이렇게 말할 수 있습니다. "하지만 하나님이 이 세상에서의 인간의 삶에 관해 무엇을 아십니까?" 이 질문에 대한 답변은, 성부께서 심판을 성자께 맡기셨고 성자께서는 인간이 되셨다는 것입니다. '말씀이 육신이 되'셨습니다(요 1:14). 성자께서는 이 세상에서 사셨고 '모든 일에 우리와 똑같이 시험을 받으'(히 4:15)셨습니다. 그분은 이 세상 속 인간의 삶을 다 이해하고 아십니다. 그분이 심판자이십니다. 이미 봤다시피, 사도 바울은 아테네의 아레오바고에서 설교하면서 이 같은 내용을 가르쳤습니다(행 17:31). 그러므로 본문의 그림은 하나님의 아들, 주 예수 그리스도께서 이 세상에 다시 오셔서 의로 세상을 심판하실 다가올 날을 보여주는 것입니다.

심판의 조건은 무엇일까요? 성경에 분명하게 나와 있습니다. 우리는 시편 기자가 수없이 이야기한 '여호와의 율법'에 따라 심판받을 것입니다. 그는 경건한 사람이 "여호와의 율법을 즐거워하여 그의 율법을 주야로 묵상"한다고 말합니다. 여호와의 율법은 하나님이 인간에 관해 인간에게 말씀하신 내용입니다. 하나님이 다양한 방식으로, 다양한 시기에 인간에게 기대하시는 바를 기꺼이 말씀하신 내용입니다. 하나님은 사람들을 만드셨습니다. 인간을 그분의 형상과 모양대로 만드셨다고 말씀하셨습니다(창 1:26). 우리가 그분의 형상과 모양을 지니는 것이 하나님의 창조의 목적과 목표입니다. 사람은 이 세상에서 하나님을 비추는 존재가 되어야 합니다. 하나님이 모든 것을 만드셨지만, 그분은 인간을 일종의 대리 통치자로 삼으셨습니다. 인간들은 하나님의 지배 아래 피조 세계를 다스리는 통치자입니다.

더 나아가, 하나님은 우리를 만드신 후 우리 내면에 법을 심어 주시고 외부적으로도 율법을 주시고는 이렇게 말씀하셨습니다. "나는 너희가 이렇게 살기를 원한다." 그래서 하나님은 이따금씩 이 율법을 아주 분명하게 진술해 주셨습니다.

구약성경에서 가장 분명하게 진술된 율법은 십계명입니다. 십계명은 하나님이 우리에게 요구하시는 것과 궁극적이고 최종적으로 우리에게 기대하시게 될 바를 진술하신 내용입니다. 우리는 이 십계명으로 심판을 받을 것이고, 누구도 이 내용을 몰랐다고 더 이상 주장할 수 없습니다. 하나님이 십계명을 우리 앞에 펼쳐 놓으셨기 때문입니다.

십계명은 하나님이 원하시는 바이고 그것으로 우리를 심판하실 것입니다. 이것은 이 율법을 설명했던 선지자들의 가르침에 나오는 내용입니다. 그리고 주님은 신약성경에서, 특히 산상설교에서 이 율법을 보다 온전히 설명하십니다.

산상설교는 하나님의 율법에 대한 해설입니다. 이것이 하나님이 요구하시는 바입니다. 하나님이 기대하시는 바입니다. 우리 주님은 그 전부를 이렇게 요약하셨습니다. "첫째는 이것이니 …… 네 마음을 다하고 목숨을 다하고 뜻을 다하고 힘을 다하여 주 너의 하나님을 사랑하라 하신 것이요, 둘째는 이것이니 네 이웃을 네 자신과 같이 사랑하라 하신 것이라"(막 12:30, 31).

우리는 이 율법에 의해 심판받을 것입니다. "너는 나 외에는 다른 신들을 네게 두지 말라 너를 위하여 새긴 우상을 만들지 말고 …… 그것들에게 절하지 말라 …… 너는 네 하나님 여호와의 이름을 망령되게 부르지 말라 …… 안식일을 기억하여 거룩하게 지키라 …… 네 부모를 공경하라 …… 살인하지 말라 간음하지 말라 도둑질하지 말라 네 이웃에 대하여 거짓 증거하지 말라 네 이웃의 집을 탐내지 말라 네 이웃의 아내나 …… 그의 소나 그의 나귀나 …… 탐내지 말라"(출 20:3-17).

이런 것들이 심판의 조건입니다. 특히 주님은 산상설교에서 율법에 대한 영적 해석을 제시하셨는데, 그에 따르면 실제 행위만이 아니라 우리의 생각, 욕망, 감정도 중요합니다. 하나님은 그 모두를 아십니다!

그런데 본문에서 시편 기자가 특히 강조하는 것은 심판과 복음의 철저함이라 부를 만한 것입니다. "의인들의 길은 여호와께서 아시나 불경건한 자들의 길은 망하리로다."

주님은 아십니다. 그분은 전지하십니다. 하나님은 모르시는 것이 없습니다. 히브리서 기자에 따르면, 하나님의 시야에 들어오지 않는 것은 아무것도 없고 '우리의 결산을 받으실 이의 눈앞에 만물이 벌거벗은 것 같이 드러'(히 4:13)납니다. 주님은 아십니다. 그분은 무소부재하십니다. 하나님을 상대로는 닫힌 문 뒤로 숨을 수 없습니다. 불가능합니다. 성경은 이것을 여러 다양한 형태로 가르칩니다.

시편 기자는 이렇게 불평합니다. "주께서 내가 앉고 일어섬을 아시고 멀리서도 나의 생각을 밝히 아시오며"(시 139:2). 그는 주님으로부터 벗어날 수 없다고 말합니다. 신약성경에 따르면, 천국에 보관된 큰 장부가 있습니다. 우리에 대한 기록이 그 장부에 있습니다. 우리 각 사람이 이제껏 했던 일, 생각, 말이 거기에 모두 기록되어 있고 적혀 있습니다. 그래서 심판의 날에 그 책이 펼쳐지고 우리에 대한 모든 것이 드러날 것입니다. 이것이 심판의 철저함입니다. 하나님의 눈앞에서는 어떤 것도 숨길 수 없습니다. 그분은 하나님이시기에 그럴 수밖에 없습니다만, 우리는 이 사실을 잊어버립니다. 우리는 너무나 영리하게도 이 세상에서 서로가 모르게 이런저런 일을 해냅니다. 서로를 속이고 거짓말을 하고 빠져나갈 수 있습니다. 그렇게 상황을 잘 모면하는 이들을 부러워하기도 합니다. 그러나 하나님 앞에서는 누구도 그럴 수 없습니다. "여호와께서 아시나." 그분의 눈

앞에서는 어떤 것도 감추어지지 않습니다.

본문은 이것을 또 다른 끔찍한 방식으로 표현합니다. "그러므로 불경건한 사람들은 심판을 견디지 못하며 죄인들이 의인들의 회중에서 견디지 못하리로다." 이것은 너무나 무시무시한 일입니다. 성경에 나오는 이 단어 "회중congregation"의 용례를 살펴보면 교회와 정확히 같은 것을 의미함을 알 수 있습니다. 이 단어는 때로 하나님의 백성을 나타내기도 합니다. 회중은 하나님의 백성, 교회입니다.

여기서 시편 기자는 죄인들이 의인들의 회중에서 견디지 못한다고 말합니다. 이 말은 여러분과 제가 이 세상에 있는 동안에는 의인들의 회중에 있을 수 있다는 의미입니다. 우리는 경건한 사람, 그리스도인으로 통할 수 있습니다. 그러나 시인이 말하는 바는 하나님이 모든 것을 아시기 때문에 우리가 심판 이후에도 의인들의 회중에 계속 머물게 될 것이라는 보장은 없다는 것입니다. 하나님은 우리에 대한 모든 것을 아시니까요. 끔찍한 나눔과 끔찍한 분리가 있을 것입니다. 그날, 하나의 모임, 하나의 회중이 있을 것이고, 그들은 모두 자신들이 하나님의 백성이라고 기분 좋게 생각할 것입니다. 그때 그분이 심판자로 오셔서 그들을 나누고 구분하실 것입니다.

자, 이것이 구약성경만의 가르침이라고 생각하는 분이 없도록 신약성경에서, 그것도 우리 주 예수 그리스도께서 산상설교 말미에 하신 말씀에서 같은 내용을 보여 드리겠습니다. 그분은 대체로 설교를 심판의 어조로 마무리하시는데, 이를테면 이런 식입니다. "나더러 주여 주여 하는 자마다 다 천국에 들어갈 것이 아니요 다만 하늘에 계신 내 아버지의 뜻대로 행하는 자라야 들어가리라 그날에 많은 사람이 나더러 이르되 주여 주여 우리가 주의 이름으로 선지자 노릇하며 주의 이름으로 귀신을 쫓아내며 주의 이름으로 많은 권능을 행하지 아니하였나이까 하리니 그 때에 내가 그들에게 밝히 말하되 내가 너희를 도무지 알지 못하니 불법을 행하는 자들아 내게서 떠나가라 하리라"(마 7:21-23).

그들은 이렇게 말할 것입니다. "하지만 주님, 주께서 우리와 같은 거리에 계시지 않았습니까? 우리는 그 회중에 속했습니다." 그러나 그분의 입에서는 이런 말씀이 나올 것입니다. "내가 너희를 안 적이 없다. 너희는 의인들의 회중에서 견디지 못할 것이다. 너희는 내게 속하지 않았다. 너희는 해야 할 일을 하지 않았다. 그들 사이에서 환심을 샀다. 모든 혜택을 다 받고 싶어 했다. 그러나 하나님은 모든 것을 아신다. 나는 모든 것을 안다. 물러가라!"

그리고 그것으로 충분하지 않다는 듯, 우리 주님은 같은 문제를 세 가지 비유로 말씀하셨습니다. 마태복음 25장에서 이 내용을 볼 수 있습니다. 24장에서 주님은 세상의 종말, 심판을 다루시고, 누군가가 주님께 묻습니다. "세상의 종말이 언제 옵니까?" 주님은 사실상 이렇게 말씀하십니다. "'언제'는 염려하지 말고, 그 일이 닥칠 때 벌어질 일에 집중하여라."

이어서 주님은 세 가지 비유를 말씀하셨습니다. 첫째는 열 처녀 비유입니다. 그렇습니다. 그리고 여기에는 우리가 시편에서 본 것과 같은 분리가 있습니다. 다섯은 슬기로웠고 다섯은 어리석었습니다. 그러나 그들은 모두 똑같아 보입니다. 등을 가진 열

처녀는 혼인잔치로 가고 있었습니다. 사람들은 이들이 아무 차이가 없아고 말합니다. 그러나 신랑이 왔을 때 회중에 합류한 이들은 다섯 명 뿐이었고, 나머지는 들어가게 해 달라고 문을 두드려야 했습니다. 그들은 들어갈 수 없었습니다. 자신들은 아무 문제가 없다고 생각했었지만, 잔치의 바깥에 있었습니다. 이 비유의 핵심은 등을 가졌고 잔치에 가고 싶어하면 당연히 회중에 속한 사람이라고 생각하는 일의 위험입니다. 그러나 그들은 기름이 없었습니다! 생명의 활기찬 영이 없었습니다. 그해서 바깥에 있습니다.

둘째는 세 사람과 그들의 달란트에 관한 비유입니다. 요점은 첫 번째 비유와 동일합니다. 민족들을 양과 염소로 나누는 최후의 심판 비유도 마찬가지입니다. 그들은 다들 똑같다고 생각했지만, 이 비유들은 이렇게 말합니다. '아니다! 그분은 나누실 것이다. 양과 염소로. 의인의 회중에 서 있는 사람들과 의인의 회중에서 견디지 못하는 사람으로.' 이 심판의 철저함이여! 우리의 상대는 눈앞에서 만물이 벌거벗은

듯 드러나는 분입니다. 주님은 아십니다. 우리는 사람을 상대하는 것이 아닙니다. 우리의 상대는 전지하시고 전능하시며 영원하신 하나님입니다.

심판의 결과 。

셋째, 마지막 원리인 심판의 결과에 도달했습니다. 심판의 존재, 심판의 특성과 본질에 이어 마침내 심판의 결과입니다. 이것은 오늘 본문의 생생하고 엄청난 구절에 담겨 있습니다. "그러므로 불경건한 사람들은 심판을 견디지 못하며 죄인들이 의인들의 회중에서 견디지 못하리로다."

이것을 오늘날의 일상어로 표현하면, 불경건한 사람은 최후의 심판에서 "변명의 여지가 없을 것not have a leg to stand on"이라는 것입니다. 이것이 시편 기자가 말하는 내용입니다. 그들은 심판을 견디지 못할 것입니다. 그들의 주장이 통째로 무너질 것입니다. 할 말이 없을 것이라는 뜻입니다. 그들은 한마디도

하지 못할 것이고, 대답할 말도 없을 것입니다.

그들의 죄목은 무엇일까요? 자, 여기 있습니다. 첫째, 그들은 하나님을 전혀 생각하지 않았습니다. 하나님이 없는 것처럼 살았습니다. 하나님은 그분의 기쁘신 뜻대로 그들이 하나님께 영광을 돌리고 영원토록 그분을 즐거워하게 하시고자 창조하셨습니다. 그러나 그들은 하나님이 없는 것처럼 살았습니다. 자기 방식대로 지냈고, 하나님의 이름이 언급될 때도 그분에 대해 생각하기를 싫어했습니다. 하나님을 사랑하지 않았습니다. 전 존재로 하나님을 사랑해야 마땅했지만, 그들은 하나님을 미워했고 그분이 자신들을 대적하신다고 느꼈습니다. 하나님의 이름을 비방했습니다. 이것이 첫째 죄목입니다.

둘째, 그들은 하나님의 명예와 영광을 위해 살지 않았습니다. 하나님의 율법과 계명을 지키지 않았습니다. 여호와의 율법을 즐거워하고 주야로 묵상하는 대신에, 율법을 미워하고 저주하고 침 뱉고 조롱했습니다. 그들은 이렇게 말했습니다. "그것은 우리를 억압하기만 해. 나는 자기 표현을 믿어. 자기 억제는 믿지 않아. 내 마음대로 할 거야. 뭔가 원하는 게 있다는 것은 그것을 가질 권리도 있다는 뜻이라고."

그들은 하나님의 음성을 우습게 여기고 예절과 신성한 것들을 짓밟았고 그런 모습을 기뻐했습니다. 짐승처럼 굴었고 그런 자신을 자랑스럽게 여겼습니다. 그들은 이렇게 말했습니다. "이게 진짜 사람의 모습이야. 감상적이고 비참한 그리스도인과는 다르지." 심판의 날에 그들은 이런 자신의 모습을 마주하게 될 것입니다.

그리고 자신에 대한 견해, 인간에 대한 견해, 영혼에 대한 견해를 점검받게 될 것입니다. 그에 대한 질문을 받을 것입니다. 그들은 인간이 추론하는 동물에 불과하다고 말하면서 이 세상을 살았습니다. 특별 창조, 즉 인간이 하나님의 형상으로 만들어졌다는 것을 믿지 않았습니다. "인간이 진화한 동물일 뿐"이라고 말했습니다. 그럼으로써 그들은 자신의 본성을 모욕하고, 자신을 만드신 하나님을 모욕하고, 그에 걸맞은 겨의 삶을 살았습니다.

그들이 심판대에 서서 인자를 보는 날, 인간이 되

셨고 인간이 된다는 것이 무엇인지, 인간이 어떤 존재가 되어야 하는지 보여 주신 하나님의 아들을 보는 날, 말문이 막히게 될 것입니다. 그날 그들은 자신들의 지나간 삶의 질과 가치에 대해 점검을 받게 될 것입니다. 그리고 지난 삶이 철저히, 전적으로 쓸모없었음을 알게 될 것입니다. 대차대조표가 완성될 것입니다. 그 최종결과가 무엇입니까? 그들이 전념했던 것들, 목적으로 삼고 살았던 것들, 흡족하게 여겼던 것들, 즐거워했던 것들의 최종 결과가 무엇입니까? 거기에 어떤 가치가 있을까요? 겨입니다! 쓸모없는 겨!

그러나 거기서 멈추지 않을 것입니다. 그들은 자기정당화를 시도하며 이렇게 말할 것입니다. "하지만 나는 몰랐습니다. 깨닫지 못했다고요!" 그때 그들은 또다시 입을 다물게 됩니다. 달리 기댈 구석이 없습니다. 변명의 여지가 없습니다. 지식은 이미 주어졌습니다. 계시가 여기 있습니다. 성경에는 계시가 가득합니다. 하나님이 말씀하셨습니다. 변명할 말이 없습니다. 우리는 율법을 몰랐다는 핑계를 댈 수 없습니다. 보십시오. 사람들은 마땅히 율법에 친숙해져야 합니다. 하나님은 그것을 그분의 말씀과 그분의 선지자들과 사도들과 설교자들을 통해서 분명히 밝히셨습니다. 하나님은 사람들에게 말씀하시되 경고하셨고, 요구사항을 전하셨습니다. 핑계의 여지가 없습니다. 하나님은 계시를 주셨고 우리는 몰랐다고 말할 수 없습니다.

이 가엾고 불경건한 사람들을 무너뜨리고, 심판을 견디지 못하고 겨 더미처럼 주저앉게 만들 마지막 결정타는 그들이 하나님의 아들을 정면으로 마주할 거라는 사실입니다. 그들은 그분을 바라보고 이렇게 말할지 모릅니다. "하지만 기준이 너무 높았습니다. 어느 누가 그렇게 살 수 있겠습니까? 누가 마음을 다하고 목숨을 다하고 뜻을 다하고 힘을 다하여 하나님을 사랑하고 이웃을 자기 자신처럼 사랑할 수 있겠습니까? 누가 오로지 하나님께만 영광을 돌리고 그분을 찬양하기 위해서만 살 수 있겠습니까? 누가 산상설교를 지킬 수 있겠습니까? 누가 십계명대로 살 수 있겠습니까? 그것은 불가능한 요구입니다. 불공평합니다."

그러면 이런 대답이 돌아올 것입니다. "나를 봐라. 내가 천국을 떠나 너희 세상으로 들어간 것은 너와 같은 사람들을 구원하기 위해서였다. 나는 의인을 부르러 온 것이 아니라 죄인을 불러 회개시키러 온 것이다(눅 5:32). 나는 건강한 사람이 아니라 병든 사람들에게 의사가 필요하다고 가르쳤다(눅 5:31). 인자가 온 것은 찾고 구원하기 위해서라고 말했다(눅 19:10). 들어라. 세리와 죄인들이 내 말을 듣고 나를 따라왔다. 바닥까지 철저히 죄에 빠진 사람들이 귀를 기울이고 다가와 믿었다. 그리고 그들이 여기 심판의 자리에 당당히 서 있다. 너희에게 변명의 여지는 없다."

그들을 향한 성경의 최종적 정죄는 예수 그리스도 안에서 하나님이 거저 베푸시는 구원의 약속을 퇴짜 놓고 거부하고 멸시했다는 것입니다. '그러므로 불경건한 자들은 심판을 견디지 못'할 것입니다. 그들은 무너질 것입니다. 그러나 아, 그것이 끝이 아닙니다. "불경건한 자들의 길은 망하리로다."

한마디 변명도 못하고 답변도 못한 채 그들은 '바깥 어두운 곳'으로 쫓겨날 것입니다. 저는 지금 우리 주님의 말씀을 인용하고 있습니다(마 8:12). '구더기도 죽지 않고 불도 꺼지지 아니하'는 곳으로 쫓겨날 것입니다. 이 또한 주님의 말씀입니다(막 9:44). '울며 이를 갈'게 될 곳으로 쫓겨날 것입니다. 하나님의 아들의 말씀입니다(마 8:12). "불경건한 자들의 길은 망하리로다." '주의 얼굴과 그의 힘의 영광을 떠나 영원한 멸망'(살후 1:9)에 이를 것입니다. 이것이 하나님과 그분의 거룩한 율법과 그 아들을 거부하는 불경건한 자, 죄인, 오만한 자, 겨의 생애의 종말입니다.

이 모든 내용이 왜 기록되어 있습니까? 하나님이 사랑이시기 때문입니다. 이런 내용이 기록된 것은 아직 시간이 있는 동안 우리에게 경고하기 위해서입니다. 우리를 구원하기 위해서 입니다. 구원의 길, 빠져나갈 길이 있음을 보여 주기 위해서입니다. 이것이 기독교 복음의 전체 메시지입니다. 이것이 그리스도, 하나님의 아들이 이 세상에 오신 이유입니다. 우리 모두가 본질상 불경건하고 모두가 죄악된 존재이므로, 이 상태로 죽으면 그 멸망으로, 그 영원한 지옥의 형벌로 가게 될 것이기 때문입니다.

그러나 하나님이 그분의 메시지를 보내셨습니다. 회개하라고, 우리 죄를 인정하고 고백하라고 촉구하는 메시지입니다. 회개하고 복음을 믿으십시오. 다른 어떤 것이 아니라, 이것이 바로 하나님의 메시지입니다. 이 모든 죄의 맹목성과 광기와 사악함을 보십시오. 이것이 어떤 결과로 이어지는지 보십시오. 자신의 죄를 인정하십시오. 하나님 앞에 엎드려 죄를 고백하고 자신에게 변명의 여지가 없음을 인정하십시오.

그러고 나서, 하나님의 아들, 구주이신 예수 그리스도 안에서 그분을 통해 복음을 믿으십시오. 여기 그 내용이 있습니다. "주 예수를 믿으라 그리하면 네가 구원을 받으리라"(행 16:31). "지금은 구원의 날이로다"(고후 6:2).

문은 닫히지 않았습니다. 불행한 결말로 갈 필요가 없습니다. 우리가 살펴본 모든 내용은 불경건한 자들에게 해당하지만, 하나님의 아들이신 그리스도께서 세상에 오셔서 그들을 하나님과 화해시키기 위해 사시고 죽으시고 부활하셨다는 것을 믿으면 즉시 용서를 받습니다. 하나님이 받아주십니다. 하나님의 자녀가 됩니다. 나무처럼 됩니다. 주님은 그들의 길을 아십니다. 영원한 기쁨과 영광의 자리로 들어갈 것입니다. 이것이 메시지입니다. 이것이 심판이 기록된 이유입니다. 경고하기 위해서, 회개하고 하나님께 돌이키고 그분의 귀한 아들의 복음을 믿으라고 부르기 위해서입니다.

여러분은 이 모든 것을 믿으십니까? 하나님의 아들이 왜 이 세상에 오셔야 했는지 아십니까? 심판을 머릿속에 그려보셨습니까? 그 큰 날에 견딜 수 있으시겠습니까? 여러분이 심판을 견딜 수 없을 것이라는 사실을 이전엔 깨닫지 못했던 방식으로 깨닫게 되셨습니까? 그렇다면 하나님 여전히 부르고 계신겁니다. 이 말씀을 드릴 수 있는 것은 제게 너무나 큰 특권입니다. 지금이 구원의 날입니다. 이 말을 믿으시고 저와 함께 이렇게 고백하시기 바랍니다.

예수님, 주의 보혈과 의로우심은
저의 아름다움이며
제 영광스러운 옷입니다.
불타는 세상 한가운데서
이렇게 좋은 옷을 입은 저는
기쁨으로 머리를 듭니다.

저는 심판의 날에
담대히 설 것입니다.
그 누가 저를 고발하겠습니까?
주를 통해 저는 죄와 두려움에서,
죄의식과 수치심에서
온전히 벗어났습니다.

– 친첸도르프 백작Count Zinzendorf

아우구스투스 토플라디Augustus Toplady는 이렇게 노래합니다.

내가 모르는 세계로 올라가

심판하시는 주를 뵈올 그때
만세 반석 열린 틈에
나를 숨겨 주소서.

이 주님을 믿으십시오. 그러면 사도 바울의 이 말을 믿을 수 있을 것입니다. "누가 능히 하나님께서 택하신 자들을 고발하리요 의롭다 하신 이는 하나님이시니 누가 정죄하리요 죽으실 뿐 아니라 다시 살아나신 이는 그리스도 예수시니 그는 하나님 우편에 계신 자요 우리를 위하여 간구하시는 자시니라"(롬 8:33-34).

우리는 안전합니다. 누구도 우리를 어떤 죄목으로도 고발할 수 없습니다. 주 예수 그리스도를 믿고 그분을 바라보고 이렇게 말하십시오.

오 그리스도시여,
내 영혼이 주 안에서 찾았나이다.
오직 주 안에서만 찾았나이다.
그토록 오래 찾아 헤매던 평안과 기쁨을

이제껏 알지 못하던 희락을.

주님이 아니라 안식과 행복을
갈망했고 열망했나이다.
그러나 내가 구세주를 지나칠 때
그의 사랑이 나를 붙들었나이다.

주님, 나는 터진 웅덩이를 팠고
아, 물이 새어버렸나이다!
마시려 몸을 숙였으나 물은 사라졌고
울부짖는 저를 조롱했나이다.

오직 그리스도만이 만족을 줄 수 있으니
내게 다른 이름은 없나이다!
사랑과 생명과 영원한 기쁨이
주 예수여,
당신 안에 있나이다.

– 작자 미상

그리스도 안에서는 심판을 두려워할 필요가 없습니다.

> 굳건한 반석, 그리스도 위에 내가 서리라
> 다른 모든 땅은 흐르는 모래이니.
>
> – 에드워드 모트 Edward Mote

우리는 이 세상의 다른 어떤 것 위에도 설 수 없습니다. 다른 어떤 것에 근거해서는 심판을 견딜 수 없을 것입니다. 죄인들은 심판을 견디지 못할 것입니다. 그들은 겨처럼 바람에 날려갈 것입니다. 반석이신 예수 그리스도 위에 서 있습니까? 그분이 유일한 소망이십니까? 그분을 믿으십시오. 그러면 구원을 받을 것입니다.